RÈGLEMENTS ET TARIFS

DE LA COMPAGNIE

DES DOCKS-ENTREPOTS DU HAVRE

1866

MINISTÈRE

DE L'AGRICULTURE, DU COMMERCE ET DES TRAVAUX PUBLICS

ARRÊTÉ

Le Ministre, Secrétaire d'État au département de l'Agriculture, du Commerce et des Travaux publics,

Vu le décret du 17 Juin 1854 portant concession à la Ville du Havre de l'Établissement du Dock-Entrepôt, prévu par la loi du 5 Août 1844, et le cahier des charges annexé audit décret;

Vu le décret du 11 Mai 1855, qui approuve les modifications apportées aux articles 4, 7 et 10 du cahier des charges annexé au décret sus-visé ;

Vu l'arrêté du 3 Avril 1858 portant homologation, sous la réserve d'une révision ultérieure, du Règlement et du Tarif de manutention à appliquer dans le Dock-Entrepôt;

Vu l'arrêté du 12 Août 1862 qui, après avoir fixé le Règlement et les Tarifs de manutention de voilerie et de tonnellerie dans le Dock-Entrepôt, porte que les mêmes Règlement et Tarifs devront être soumis de nouveau à notre approbation avant le 1er Janvier 1865 ;

Vu la demande de la Compagnie concessionnaire du Dock-Entrepôt, en date du 8 Septembre 1864 ;

Vu l'avis de la Chambre de Commerce du Havre du 26 Novembre de la même année,

Sur le rapport du Conseiller d'État, Directeur du Commerce extérieur,

Arrête :

Article Premier

Le Règlement et les Tarifs de manutention, de voilerie et de tonnellerie du Dock-Entrepôt du Havre sont approuvés, pour être appliqués pendant une année, du 1er Janvier 1865 au 1er Janvier 1866, tels qu'ils ont été homologués par l'arrêté de notre prédécesseur, en date du 12 Juillet 1862, sauf les modifications ci-après exprimées :

DÉSIGNATION DES MARCHANDISES	TARIF DES MANUTENTIONS PAR 100 KILOG.										Tarif de Magasinage par mois et par 100 kilog. Tarif de la ville.
	Débarquement et mise sous hangar.	LIVRAISON SUR LE QUAI		Transport et mise en Entrepôt des Marchandises débarquées dans le Dock.	Mise en Entrepôt des Marchandises débarquées en dehors du Dock.	LIVRAISONS à la sortie DES MAGASINS		MANUTENTIONS EXTRA			
		avec pesage, mesurage ou comptage	sans pesage.			avec pesage, mesurage ou comptage	sans pesage.	Arrimage.	Désarrimage.	Pesage.	
HUILE DE PÉTROLE...............	» —	» 10	» 05	» 18	» 10	» 10	» 06	» —	» 06	» 04	» 20
LAINES en balles pressées	» —	» —	» —	» 19	» —	» —	» —	» —	» —	» —	» —
PEAUX DE MOUTON en B. pressées.	» —	» —	» —	» 19	» —	» —	» —	» —	» —	» —	» —

TARIFICATION DES OPÉRATIONS DE TONNELLERIE
Huile de Pétrole en fûts de 175 kilog. et au-dessous

Recevoir du navire, surveiller la vidange, conditionnement d'usage et échantillonnage en commun........	» 20
Extraire l'eau et le pied, par fût le nécessitant..	» 30
Recevoir du navire, conditionnement d'usage, échantillonner en détail, ou débonder et rebonder, peser au densimètre...	» 25
Ouiller, par fût ouillé...	» 15
Rebattre, par fût rebattu..	» 75
Grattage des fûts, par fût gratté...	» 10
Echantillonner en magasin, en commun, par fût échantillonné..	» 10
d° d° en détail, par fût échantillonné..	» 15
Recevoir, conditionner, sans ouvrir, pour expédier...	» 10
Recevoir, sonder, échantillonner, conditionner pour expédier...	» 20
Surveillance à la sortie du magasin...	» 05
Débonder et rebonder seulement pour peser au densimètre..	» 15
Tarer, par fût taré...	1 —

Les fournitures en plus, comme au Tarif général.

Article 2

Le Préfet de la Seine-Inférieure est chargé de l'exécution du présent arrêté, dont ampliation sera transmise à M. le Ministre des Finances, au Préfet de la Seine-Inférieure, à la Chambre de Commerce du Havre et à la Compagnie concessionnaire du Dock-Entrepôt.

Fait à Paris le 8 Décembre 1864

Signé Armand BÉHIC

Pour ampliation,

Le Conseiller d'Etat, Secrétaire général
Signé L. DE BOUREUILLE.

RÈGLEMENT ET TARIFS

DE LA COMPAGNIE

DES DOCKS-ENTREPOTS DU HAVRE

PREMIÈRE PARTIE

RÈGLEMENT

ARTICLE PREMIER

Navires admissibles dans le Dock.

Le Dock est ouvert à tous les navires venant de l'étranger ou de France qui s'y présenteront pour décharger leur cargaison, ou y opérer leur chargement.

ARTICLE 2

Navires pour lesquels l'entrée du Dock est obligatoire.

Le débarquement au Dock est obligatoire pour tous les navires dont moitié de la cargaison se compose de marchandises destinées à l'entrepôt réel.

Il ne sera permis à ces navires d'effectuer de déchargement sur d'autres points que dans les cas où il ne pourrait leur être donné de place au Dock, jusqu'au moment où, d'après la date du dépôt du manifeste, ils auraient droit à une place à quai dans les autres bassins.

ARTICLE 3

Conditions d'admission dans le Dock et à bord des Navires.

Nul ne peut rester dans le Dock après l'heure de la fermeture des travaux; nul ne peut être admis à bord des navires sans permis, sauf l'armateur, le consignataire, le courtier, ou leurs agents, le capitaine ou le second.

Par exception, les hommes de l'équipage seront admis dans le Dock, s'ils sont munis d'une autorisation motivée de leur capitaine ou second.

Il sera remis par le chef du Dock, sur la demande du capitaine ou du second, des permis aux employés et ouvriers qui doivent préparer le navire au déchargement ou effectuer à bord tout autre travail indispensable.

ARTICLE 4

Travaux à bord des Navires.

Il est généralement défendu de se servir d'aucun employé ou ouvrier autre que ceux de l'administration, dans le chargement ou le déchargement des navires, ou pour tout autre travail à effectuer dans l'enceinte du Dock. Toutefois, les travaux à bord des navires pour les chargements et les déchargements pourront être faits par les hommes de l'équipage lorsqu'ils seront en nombre suffisant; dans ce cas, le navire n'aura à payer à la Compagnie pour l'emploi des quais ou hangars de l'établissement des Docks que le tiers des frais de débarquement ou de chargement fixés par le tarif.

Lorsque l'équipage sera insuffisant pour opérer le débarquement, la Compagnie fournira le complément au prix fixé par le tarif des cas imprévus, mais seulement lorsque l'insuffisance ne s'élèvera pas à plus du tiers, autrement le travail sera fait entièrement par le Dock.

Les agrès et apparaux du navire devront être mis à la disposition des ouvriers du Dock.

Les navires munis de treuils à vapeur jouiront sur les frais de déchargement d'une bonification qui sera convenue de gré à gré; le charbon, la graisse, le mécanicien et l'ouvrier qui dirige le treuil, seront fournis par le navire sous la responsabilité du capitaine.

ARTICLE 5

Défense de donner des spiritueux ou des gratifications aux employés et ouvriers du Dock.

Il est recommandé de ne donner aux employés ou ouvriers du Dock ni vins, ni spiritueux, ni salaires, ni gratifications d'aucune nature. En négligeant de se conformer à cette prescription, l'on exposerait ceux-ci à la perte immédiate de leurs emplois.

ARTICLE 6

Déchargement à tour de rôle.

Les navires sont mis en déchargement à tour de rôle, dans l'ordre du dépôt du manifeste en douane, conformément à l'article 13 de la loi du 22 août 1791.

Avant la remise des déclarations en douane, la Compagnie pourra faire procéder au débarquement des marchandises. Le capitaine, le second, ou bien une autre personne dûment autorisée à cet effet par l'armateur ou le consignataire, et, à défaut de consignataire, par le courtier du navire, doit être présent à bord pendant le déchargement.

À l'égard des opérations de pesage et de vérification par la douane, la Compagnie représentera les réclamateurs des marchandises en cas d'absence.

Tout navire qui a pris place à l'un des quais du Dock doit y être chargé ou déchargé, à moins qu'il ne paye au Dock une indemnité de 10 centimes par tonneau de jauge et par jour.

ARTICLE 7

Déclarations en Douane dans les trois jours de l'arrivée.

Pour éviter un encombrement préjudiciable à tous les intérêts, les marchandises qui, faute de la remise des déclarations en détail dans les trois jours francs du dépôt du manifeste en douane, ou pour quelque cause que ce soit, indépendante du Dock, ne pourront pas être soumises à la vérification de douane, seront frappées d'une augmentation de 50 % sur les droits de livraison sur le quai, et ce, sans préjudice de l'application par la douane, quand elle le jugera convenable, des dispositions administratives relatives à la mise au dépôt des marchandises non déclarées.

ARTICLE 8
Lingots, espèces et colis de valeur.

Le capitaine demeure responsable des lingots, espèces, bijoux et colis de valeur existant à bord, qu'ils fassent partie de la cargaison ou soient propriété particulière, à moins qu'il ne préfère les donner en dépôt à la Compagnie, auquel cas les articles ou colis en question seront l'objet d'une déclaration de dépôt spécial, sans augmentation des frais portés au tarif.

ARTICLE 9
Dommages et pertes éprouvés dans la manutention, à bord des Navires.

La Compagnie ne sera responsable des pertes ou dommages éprouvés par les marchandises, à bord d'un navire, soit dans le désarrimage, soit dans l'élingage desdites marchandises, qu'autant que le travail entier aura été accompli par ses ouvriers.

ARTICLE 10
Règles que doivent observer les capitaines ou seconds ayant charge ou commandement d'un Navire entré dans le Dock.

Tout capitaine, second ou autre personne ayant charge ou commandement d'un navire, est tenu, au moment de son entrée dans le Dock, de disposer ses agrès de manière à éviter tout contact avec les hangars et bâtiments, et, après avoir pris la place qui lui est assignée, d'amarrer le navire pour garantir sa sûreté. Il est tenu chaque soir, avant la clôture du Dock, d'examiner avec soin l'état de ses amarres, tant à bord que sur le quai, et de faire tout ce que les circonstances pourront exiger, à l'effet d'accroître la sécurité du navire, en augmentant, au besoin, le nombre et la force des chaînes, câbles, etc., la Compagnie n'étant, en aucun cas, responsable des avaries que peuvent éprouver les navires.

ARTICLE 11

Le navire entrant, sortant ou accomplissant dans le Dock un mouvement quelconque, doit être manœuvré par le capitaine et l'équipage, conformément aux directions de l'officier de port chargé du service du Dock.

S'il n'y a pas assez de monde à bord pour hâler ou déhâler le navire, la Compagnie fournira, aux frais du navire, un nombre d'hommes suffisant, qui travailleront sous la direction responsable du capitaine ou de ses officiers.

ARTICLE 12
Sortie des Navires après déchargement.

Tout navire qui aura effectué son déchargement dans le Dock ne pourra sortir de l'enceinte du Dock que sur un permis délivré dans les bureaux de la Compagnie. Ce permis devra être délivré au capitaine dans les deux heures de la demande qui en sera faite par écrit par le consignataire du navire, ou, à défaut, par le courtier. (En cas de contestation, voir l'article 35.)

En cas d'infraction au présent article, l'armateur, le consignataire, ou le courtier faute de consignataire, seront responsables de tous les frais incombant au navire qui n'auront pas été acquittés par le capitaine.

ARTICLE 13

Sur la demande des consignataires, des carnets de poids des cargaisons seront délivrés par la Compagnie, dans les vingt-quatre heures de la fin de la vérification, aux prix établis ci-dessous, suivant la jauge des navires admise par la douane :

   200 tonneaux et au-dessous..F. — 10
   201 d° à 500.. — 15
   501 d° et au-dessus.. — 25

ARTICLE 14

Feu et lumières.

Il est défendu formellement de fumer dans l'enceinte du Dock, sur le quai ou dans les cours, comme aussi d'y entrer avec du feu, de la lumière, des allumettes chimiques ou autres matières inflammables. Toute infraction sera punie d'une amende de 10 francs.

ARTICLE 15

Heures d'ouverture et fermeture des bureaux et magasins du Dock.

. Les bureaux du Dock seront ouverts :
Du 1er avril au 30 septembre, de 7 heures du matin à midi, et de 2 heures du soir à 7 heures.
Du 1er octobre au 31 mars, de 8 heures du matin à midi ; de 2 heures du soir à 6 heures.
 Les heures de travail dans les magasins sont :
Du 1er avril au 30 septembre, de 6 heures du matin à 7 heures du soir.
Du 1er octobre au 31 mars, de 7 heures du matin jusqu'à la chute du jour, sauf le temps consacré au repas.
 Les chargements et déchargements de navires pourront avoir lieu du lever au coucher du soleil.
 En été, ils ne pourront commencer avant 5 heures du matin, ni se prolonger au-delà de 8 heures du soir.
 Les marchandises débarquées en dehors du Dock ne pourront être introduites dans l'enceinte de l'entrepôt passé les heures fixées pour la cessation du travail dans les magasins.
 Les voitures qui n'arriveraient pas au moins un quart d'heure avant la fermeture des magasins le soir devront rester chargées jusqu'à la reconnaissance par la Compagnie, qui n'aura lieu que le lendemain matin. Toutefois la Compagnie se réserve le droit de modifier d'accord avec l'autorité supérieure les heures du travail dans ses établissements.

ARTICLE 16

Obligations et responsabilité de la Compagnie.

La Compagnie est seule et exclusivement chargée de toutes les opérations relatives aux marchandises depuis leur entrée jusqu'à leur sortie du Dock.
 Elle choisit ses ouvriers et hommes de peine, à la charge par elle de les faire agréer par l'administration des douanes. Elle est responsable de la garde et de la conservation de la marchandise entreposée, sauf les avaries et déchets naturels provenant de la nature ou du conditionnement des marchandises.
 La Compagnie ne pourra être rendue responsable des dommages et avaries éprouvés :
 1° Par les marchandises qui, non désignées pour l'entrepôt, ne sont pas enlevées des quais du Dock dans la journée de leur vérification par le service des douanes, ou de leur conditionnement ;
 2° Par les marchandises sortant du magasin, qui ne seraient pas enlevées des cours découvertes dans la journée de leur vérification ou de leur conditionnement.
 Néanmoins les marchandises autres que bois et métaux, sur les quais ou dans les cours découvertes, dont la vérification ou le conditionnement ne se termineront qu'au moment de la fermeture des grilles, et qui, par suite, ne pourront être enlevées, la Compagnie sera tenue d'en prendre soin sous sa responsabilité, mais pour la nuit suivante seulement, moyennant la perception de 0,03 centimes par 100 kilogrammes.
 Les marchandises ne pourront être changées de magasin sans l'autorisation des propriétaires.

ARTICLE 17

Marchandises débarquées en dehors du Dock.

Les marchandises débarquées en dehors du Dock, ou provenant des magasins particuliers, que le commerce se proposera de mettre en entrepôt, devront être annoncées au moins quarante-huit heures à l'avance à l'administration, au moyen d'une commande énonçant le nom et le pavillon du navire importateur, le nombre de colis, l'espèce, et, autant que possible, le poids de la marchandise. A défaut de cet avertissement dans le délai indiqué, la Compagnie n'encourra aucune responsabilité à raison du retard qu'éprouverait l'emmagasinement des marchandises.

Le commerce sera également tenu, dans le cas où la marchandise viendrait à recevoir une autre destination, d'en informer l'administration dans les quarante-huit heures de l'avertissement sus-énoncé, et ce, sous peine d'avoir à payer à la Compagnie un tiers du droit de mise en entrepôt, afin de l'indemniser du non-emploi des locaux réservés.

La Compagnie ne sera pas responsable des quantités déclarées pour les marchandises en vrac amenées ainsi de l'extérieur dans le Dock, ni du poids de celles qui n'auraient pas été pesées et escortées par la douane; elle ne sera tenue d'en délivrer des récépissés warrants qu'autant qu'elle aura été mise en mesure, par une commande du propriétaire, de procéder à la reconnaissance de ces marchandises. Dans ce cas, il lui sera alloué, pour les frais de ces réceptions, une indemnité équivalente à la moitié du simple droit de mise en entrepôt. A défaut de cette reconnaissance réclamée à l'entrée dans le Dock, les warrants qui seront demandés après emmagasinement des marchandises donneront lieu à un droit de reconnaissance égal à l'ensemble des droits fixés au tarif pour manutention extra.

La Compagnie fera conditionner d'office, aux frais du propriétaire, après avis par écrit donné au commissaire spécial du commerce, les colis qui ne seraient pas convenablement conditionnés à leur entrée dans le Dock.

Ces frais de conditionnement ne devant porter que sur les colis, particulièrement reconnus en mauvais état, seront payés, par chaque colis conditionné, au double du droit fixé suivant l'espèce de marchandise, à l'article du tarif conçu comme suit : *Recevoir du navire, surveiller, etc., sans échantillonner*.

ARTICLE 18

Manutentions.

Les manutentions consistent notamment dans les opérations suivantes :
1° **Débarquement** (au compte du navire),
 Désarrimage à bord, mise à terre et part des frais d'abri et d'arrimage sous les hangars ;
2° **Livraison sur le quai avec pesage** (au compte du navire),
 Désarrimage, pesage, lotissement par marques et séries d'origine ou par classification du tarif de douane, classement des avaries, et remise des notes de poids détaillés aux réclamateurs ;
3° **Livraison sur le quai sans pesage** (au compte du navire),
 Désarrimage, sortie du parc de déchargement, lotissement par marques et séries d'origine, classement des avaries ;
4° **Transport, mise en entrepôt des marchandises déchargées dans le Dock,**
 Transport du quai à l'intérieur des Docks et arrimage dans les quarante-huit heures de la vérification ;
5° **Mise en entrepôt des marchandises débarquées hors des Docks,**
 Simple arrimage dans les quarante-huit heures de l'entrée ;
6° **Livraison à la sortie avec pesage, désarrimage, pesage, recensement de douanes,**
 Disposition pour l'arbitrage et la réception par l'acheteur ;
7° **Livraison sans pesage à la sortie des magasins,**
 Même opération sans pesage ni recensement de douane ;
8° **Manutention extra,**
 Désarrimage, pesage et réarrimage en magasin ;
9° **Toutes opérations et fournitures de voilerie et tonnellerie ;**
10° **Lestage des navires,**
 Mise à bord du lest sans fournitures de mannes ni de matériaux, au prix de fr. 1,40 du mètre cube ;
11° **Chargement des navires,**
 Mise à bord et arrimage sur navire chargeant dans le Dock. 50 % en plus du prix du déchargement pour les navires à voile et à vapeur, et le prix de déchargement pour les chalands.

ARTICLE 19

Bases des Tarifs, minimum de perception.

Toutes les manutentions seront payées à la Compagnie, conformément aux tarifs établis à la suite du présent règlement.

Les prix du tarif des manutentions, autres que celles de tonnellerie et de voilerie, sont établis par 100 kilogrammes par hectolitre et au nombre, sans fractionnement, et calculés sur le poids brut (1).

Les colis d'un poids indivis, au-dessus de 1,800 kilos pour les bois d'ébénisterie et de 1,500 kilos pour les autres marchandises jusqu'à 3,000 kilos, payeront double droit; au-dessus de 3,000 kilos, ils payeront de même que les colis de plus de 6 mètres de long, comme cas imprévus.

Les prix du tarif de conditionnement de tonnellerie et de voilerie sont établis par colis.

Le produit de chaque opération, à l'exception du débarquement et des livraisons sur le quai, ne pourra descendre au-dessous des prix ci-après (2) :

Minimum d'une manutention avec pesage.. 1 fr. — c.
— — sans pesage.. » 50
Minimum d'un travail de tonnellerie ou de voilerie.. » 50

Les marchandises pour lesquelles la tarification des manutentions de simple main-d'œuvre n'a été prévue qu'en colis, et qui arriveraient en grenier, payeront 25 % en plus du droit fixé pour la manutention en colis.

Les frais de toute nature seront payés au comptant après chaque opération.

Les frais de débarquement et de livraison sur le quai sont dus solidairement par le capitaine et le consignataire, et, à défaut du consignataire, par le courtier.

Tous les autres frais sont dus par le propriétaire de la marchandise.

ARTICLE 20

Indivisibilité des droits établis par chaque opération.

Les droits tarifés pour chaque opération sont indivisibles; en conséquence, le commerce aura à les payer intégralement, conformément à la commande, qu'il fasse opérer en totalité ou en partie seulement les opérations comprises dans les subdivisions du tarif.

Tout travail commencé et interrompu par un ordre contraire donnera lieu à la perception :
1° Du droit applicable à la partie du travail accompli ;
2° A une indemnité proportionnelle à la part de travail qui aurait pu être exécuté pendant le reste de la journée.

ARTICLE 21

Commandes du commerce. — Travaux exécutés d'office.

Les opérations de manutention et de conditionnement ne seront généralement exécutées que sur commande expresse.

Toutefois, dans l'intérêt du commerce, et à raison des obligations qui incombent à la Compagnie, aux termes de l'article 16, elle sera tenue de faire exécuter d'office :
1° Les conditionnements à bord ou sur le quai pour le compte des navires, conformément à l'usage, en prévenant le capitaine ou le second ; ainsi que les conditionnements en cas d'avaries pour compte des réclamateurs ;
2° Les opérations de tonnellerie et de voilerie désignées comme suit :
Recevoir du navire, surveiller l'avarie avec conditionnement d'usage ;
Surveiller le désarrimage à la livraison ou à la sortie.

Néanmoins, à l'égard de la réception au navire, la Compagnie n'aura pas à exercer cette surveillance, et elle ne fera que les opérations de tonnellerie et de voilerie exigées par la douane, quand le propriétaire de la marchandise aura remis, avant le débarquement, une commande de ne pas surveiller la réception, déchargeant ainsi la Compagnie de toute responsabilité à ce sujet.

---

(1) Dans le cas de manutention sans pesage, le poids, pour la perception des droits, sera établi sur la moyenne de la partie.
(2) Il sera fait exception pour les colis sortant du dépôt ou du prohibé, pour lesquels un seul minimum sera perçu par commande, quel que soit le nombre de permis de douane.

Dans le cas où, avant le débarquement, il sera donné par le propriétaire de la marchandise un bon de commande pour exécuter un conditionnement complet d'expédition immédiate, il ne sera rien dû pour recevoir du navire, surveiller l'avarie, avec conditionnement d'usage. La Compagnie percevra seulement, dans ce cas, le prix fixé au tarif pour le conditionnement d'expédition;

3° Sera également exécuté d'office tout conditionnement spécial que réclamerait la douane, ou celui qu'exigerait la mise en bon état des colis à leur entrée dans le Dock ou pendant leur séjour en magasin. Dans ces deux derniers cas, avis serait donné par écrit au commissaire spécial du commerce.

ARTICLE 22

Exécution des Commandes à tour de rôle.

Les ordres ou commandes du commerce seront exécutés à tour de rôle, dans les délais ci-après indiqués, sauf impossibilité résultant de force majeure.

Les travaux commandés le matin, avant onze heures, commenceront dans l'après-midi du même jour.

Ceux commandés le soir, une heure avant la cessation du travail dans les magasins, commenceront dans la matinée du lendemain. Le service du Dock fera mention sur les commandes de livraison de l'heure à laquelle le travail devra commencer.

Les commandes du vendeur et de l'acheteur devront être déposées simultanément, et les opérations de livraison commenceront à l'heure indiquée par le Dock, sans qu'il y ait lieu d'attendre la présence des intéressés.

ARTICLE 23

Commandes d'urgence.

Sur un ordre exprès et motivé du négociant, la Compagnie fera, sans pouvoir d'ailleurs interrompre les opérations courantes, procéder immédiatement aux travaux déclarés d'urgence, lesquels donneront lieu à la perception du droit fixé par le tarif, augmenté de 50 %.

ARTICLE 24

Magasinage.

Le magasinage courra, pour la partie entière, du jour de l'entrée des premiers colis en entrepôt; il sera établi sur le poids brut des colis, et payé comptant à la sortie des marchandises par marques séparées pour les marchandises sujettes à coulage.

Les marchandises séjournant en magasin, de un à quinze jours, payeront le demi-mois; au-delà de quinze jours, elles payeront le mois entier, et ainsi de suite.

Le payement des droits de magasinage dus pour les mois entiers échus au 31 décembre pourra être réclamé à chaque entrepositaire.

En cas de transfert, les frais de magasinage ne seront au compte du nouveau propriétaire qu'à l'expiration de la quinzaine courante.

Les prix sont établis par 100 kilogrammes, par hectolitre, par mètre cube, au nombre, et par 1,000 francs de valeur, n'admettant pas de fractionnement.

Les marchandises venant de l'extérieur, et retirées dans les vingt-quatre heures de leur entrée et avant leur mise en magasin, ne payeront pas de droit de magasinage, mais seront soumises au tiers du droit de mise en entrepôt.

Au cas d'abandon à la douane, les droits de magasinage seront dus par l'entrepositaire jusqu'à l'expiration de la quinzaine dans laquelle l'abandon sera notifié au Dock.

ARTICLE 25

Droit de stationnement imposé aux marchandises laissées sous les hangars ou dans les cours après leur vérification.

Un droit de stationnement est dû dans les cas ci-après :

1° Pour les marchandises qui, disposées pour la vérification de Douane, d'après un bon de commande, ne seraient pas aussitôt présentées à cette vérification, auquel cas avis par écrit en serait donné au commissaire spécial du commerce ;
2° Pour les marchandises qui ne seraient pas enlevées dans les vingt-quatre heures après leur vérification en douane, vente publique ou conditionnement.

Ce droit de stationnement sera payé conformément au tarif suivant :

1° Marchandises en boucauts et barriques	15 c.	par colis et par jour.
2° — en tierçons	06	—	—
3° — en quarts et fréquins	04	—	—
4° — en balles	05	—	—
5° — en sacs, surons, pagas et robins	02	—	—
6° — fardeaux et paquets de fanons	05	—	—
7° Caisses de sucre Brésil	12	—	—
8° — Havane	05	—	—
9° Autres caisses au-dessous de 200 kilogrammes	05	—	—
10° Bois et métaux	02	p. 100 kilog. et par jour.
11° Toutes marchandises en vrac et autres non dénommées	04	—	—

Indépendamment du droit que se réserve la Compagnie, afin d'éviter un encombrement préjudiciable à tous les intérêts d'emmagasiner d'office, aux frais du propriétaire, toutes marchandises qui auraient séjourné plus de trois jours sous les hangars ou dans les cours, à partir du moment de la vérification, vente publique ou conditionnement.

Toute nouvelle opération de manutention ou de conditionnement demandée après la disposition de la marchandise pour la sortie, et qui, par ce fait, donnerait lieu à un retard d'enlèvement, n'exempterait pas la marchandise du droit de stationnement, à moins que l'opération demandée ne doive s'appliquer à la totalité de la partie.

Sont affranchies du droit de stationnement les marchandises retenues par le fait seul de la douane.

ARTICLE 26

Marchandises avariées. — Ventes publiques.

Après constatation de leur état par le service des douanes, les marchandises avariées seront transportées sous un hangar du Dock affecté aux ventes publiques.

Les frais occasionnés par ce transport, le lotissement et la livraison, à la charge du consignataire, seront équivalents aux droits fixés au tarif pour *transport et arrimage*, et *pesage extra* des marchandises débarquées dans le Dock.

Les marchandises provenant des magasins du Dock, et disposées pour la vente publique, seront passibles des mêmes droits.

Ne payeront que les deux tiers de ces droits :
1° Les marchandises vendues devant les magasins d'où elles seront sorties ;
2° Celles venant du dehors du Dock.

Les frais de vente publique, à la sortie du navire, sont indépendants de ceux de livraison sur le quai ; et, à la sortie des magasins, de ceux de désarrimage et de recensement, ainsi que des frais de conditionnement nécessités par l'état de la marchandise.

En outre, les marchandises venant des quais du Dock ou du dehors pour être vendues publiquement payeront un droit de mise à couvert équivalent au droit de magasinage.

Les commandes de disposition et de lotissement pour les ventes publiques devront être remises au Dock au moins quarante-huit heures avant le jour fixé pour la vente, lorsqu'elle ne devra pas excéder 200,000 kilog., ce délai sera augmenté de vingt-quatre heures pour chaque excédant de 100,000 kilog.

ARTICLE 27
Transferts.

Les transferts ont lieu sur un ordre écrit du cédant, accepté par le cessionnaire.

Les transferts sans déplacement de la marchandise payeront un droit de 20 centimes par 1,000 kilogrammes, sans que le montant dudit droit puisse s'élever à plus de 5 francs, ni descendre au-dessous de 1 franc.

Tous les frais relatifs aux transferts sont à la charge du cédant.

Les frais de magasinage ne courront au compte du cessionnaire qu'à partir de l'expiration de la quinzaine courante, ainsi qu'il a été dit à l'article 23.

ARTICLE 28
Défense d'entrer dans les magasins. — Visite des marchandises.

Nul n'est admis dans les magasins du Dock s'il n'est porteur d'une autorisation du chef du Dock ou d'un ordre écrit du propriétaire de la marchandise.

Des cartes d'entrée personnelles seront délivrées à tous les négociants et courtiers de la place, et aux agents désignés par eux.

Aucune visite, ouverture de colis, échantillonnage ou autre manutention à l'intérieur ne sont faits que sur un ordre spécial écrit du propriétaire de la marchandise.

Les opérations de ce genre qui ne sont pas spécialement tarifées donneront lieu à l'application du tarif de manutentions imprévues.

ARTICLE 29
Marchandises dangereuses.

Ne pourront être admises dans le Dock, que dans des magasins spéciaux, toutes marchandises *dangereuses* ou *hasardeuses*, telles que spiritueux, soufre, guano, étoupes goudronnées, brai, goudron, résine, térébenthine, etc.

ARTICLE 30
Ramassage et balayures.

Les marchandises provenant des sondages, débourrages, ramassages, celles échappées des colis et qui n'auront pu y être réintégrées, seront remises au commerce, qui aura à payer les frais de ramassage, balayage et fourniture de sacs s'il y a lieu.

Les balayures de magasin qui ne pourront être spécialement attribuées à une partie de marchandises seront recueillies par les soins de la Compagnie et resteront à sa disposition.

ARTICLE 31
Délivrance des Warrants.

Conformément aux dispositions de la loi du 28 mai 1858 et du décret du 10 mars 1859, la Compagnie délivrera aux entrepositaires qui en feront la demande des récépissés warrants à ordre pour les marchandises déposées dans les magasins des Docks.

La délivrance de chaque récépissé warrant donnera lieu à la perception d'un droit de 1 franc, y compris le timbre de 0,50 centimes.

ARTICLE 32

Délivrance des bulletins d'entrée.

La Compagnie sera tenue de délivrer, sur la demande qui lui en sera faite, à tout propriétaire de marchandises déposées dans le Dock, moyennant la perception d'un droit fixe de 50 centimes, un *Bulletin d'entrée*, signé par un agent du Dock délégué à cet effet.

Ce Bulletin d'entrée devra porter les indications suivantes :
Le numéro et la date d'entrée de la marchandise dans le Dock ;
Le nom du propriétaire et du navire importateur ;
Les marques, le nombre et l'espèce de colis et la nature des marchandises ;
Le poids brut reconnu ou annoncé :
Le lieu d'emplacement de la marchandise dans le Dock.
Qu'il y ait ou non délivrance du bulletin d'entrée, la sortie des marchandises ne pourra avoir lieu que contre la remise d'un bulletin de décharge.

ARTICLE 33

Transport par wagons entre le Dock et la Gare du chemin de fer.

Les marchandises du service international des douanes, ainsi que celles expédiées par train libre, pourront être chargées sur wagon dans l'intérieur du Dock et transportées à la gare du Havre, à raison de fr. 1 du tonneau, de même que les marchandises transportées de la gare du Havre au Dock.

ARTICLE 34

Opérations en Douane et autres pour le compte du commerce.

La Compagnie se charge pour le compte des négociants, sur ordres qui lui seront donnés, accompagnés de notes, pouvoirs spéciaux ou autres documents nécessaires, de faire les opérations suivantes autorisées par la loi du 28 mai 1858 et le décret du 12 mars 1859 relatifs aux magasins généraux et aux ventes publiques.

« Opérations et formalités de douane et d'octroi, déclaration de débarquement et d'embarquement.
» Soumissions et déclarations d'entrée et sortie d'entrepôt, transfert et mutations.
» Règlement de fret et autres, entre les capitaines et les consignataires, sous réserve des droits de courtiers et de leur intervention dans la mesure prescrite par la loi.
» Opérations de factage, camionnage et gabarrage extérieur.
» Assurance de marchandises, au moyen soit de polices collectives, soit de polices spéciales, suivant les ordres des intéressés, et toutes opérations ayant pour objet de faciliter les rapports du commerce et de la navigation avec l'établissement. Ces divers services seront payés par le commerce conformément au tarif spécial. » (Voir page 38.)

ARTICLE 35

Refus d'acquitter les droits réclamés par la Compagnie, compte courant de frais, soumissions.

Les marchandises déposées dans le Dock pourront être retenues par la Compagnie en garantie de frais de magasinage, de manutention ou autres dus à la Compagnie, et que le propriétaire aurait refusé d'acquitter. Toutefois, en cas de contestation sur le montant des frais réclamés par la Compagnie, et jusqu'à ce qu'elle se soit mise d'accord à l'amiable ou judiciairement avec le propriétaire de la marchandise, celui-ci pourra en disposer moyennant le dépôt de la somme réclamée fait par lui sous toutes réserves entre les mains de la Compagnie.

Seront considérées comme nulle toutes les réclamations au sujet des frais qui ne seront pas adressées par écrit à la Compagnie dans les huit jours de la remise des quittances.

Pour accélérer, dans l'intérêt du commerce, l'ensemble des opérations du Dock, qui peuvent être retardées ou interrompues par l'acquittement préalable exigé par la Compagnie, des frais encourus par la marchandise, la Compagnie ouvrira des comptes courants aux négociants qui feront le versement nécessaire à cet effet.

Dans ce cas, le commerce pourra disposer de ses marchandises sans qu'il y ait lieu d'attendre la liquidation des frais. Les notes seront remises à domicile le lendemain des opérations, et le compte courant sera balancé à la fin de chaque mois.

La faculté d'enlever les marchandises, avant payement des droits dus à la Compagnie, sera également accordée à tout négociant qui souscrira une soumission de les acquitter dans les dix jours de la remise des liquidations à domicile, en engageant, comme garantie de ces droits, les marchandises à lui appartenant dans le Dock.

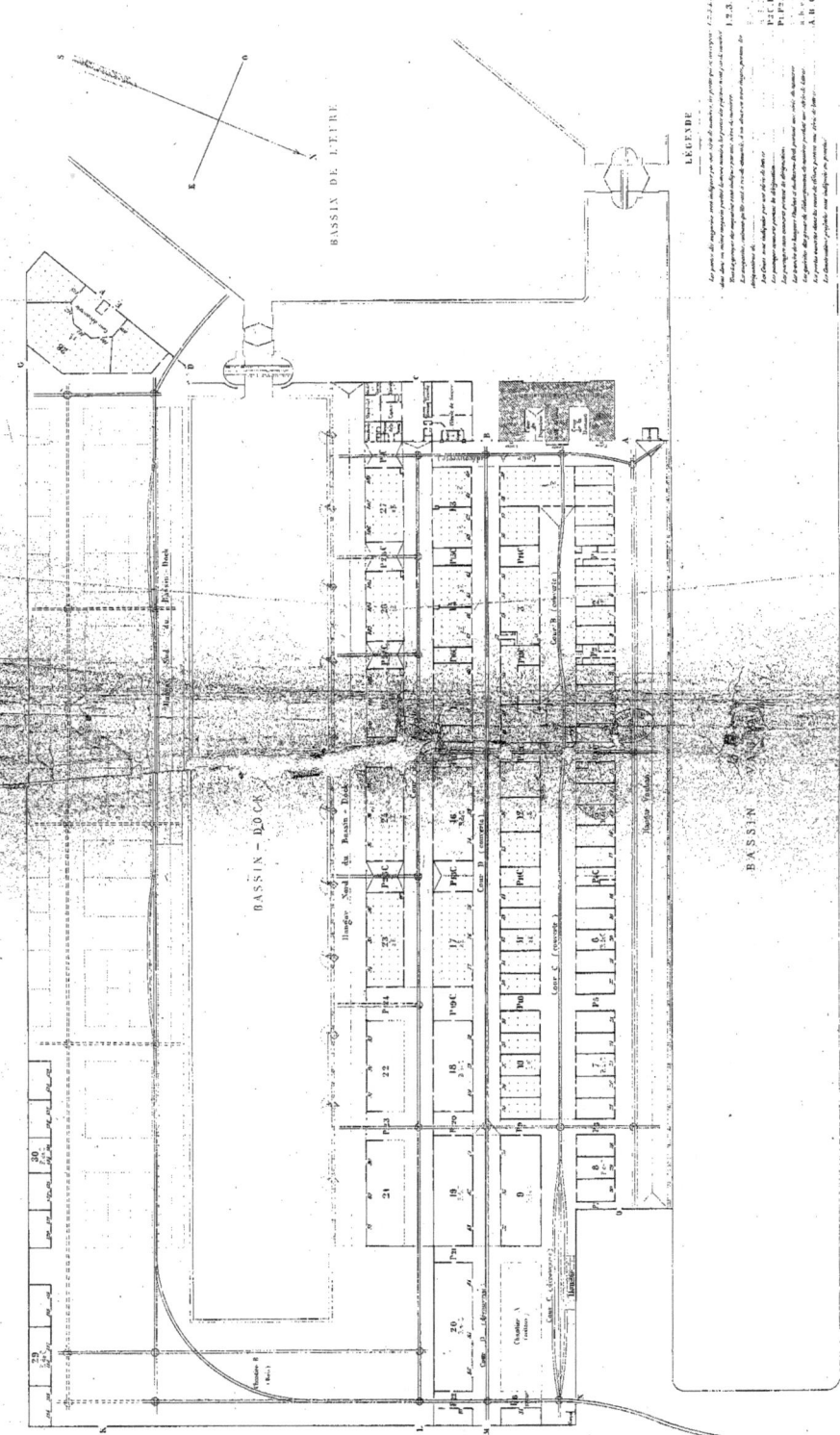

SECONDE PARTIE

TARIFS

TARIF DES MANUTENTIONS

CAS IMPRÉVUS, BULLETINS DE POIDS ET DROITS DE BUREAU

DÉSIGNATION DES MARCHANDISES	TARIF DES MANUTENTIONS PAR 100 KILOG.									Tarif de Magasinage par mois et par 100 kilog. Tarif de la ville. (1)
	Débarquement et mise sous hangar.	LIVRAISON SUR LE QUAI avec pesage, mesurage ou comptage	LIVRAISON SUR LE QUAI sans pesage.	Transport et mise en Entrepôt des marchandises débarquées dans le Dock.	Mise en Entrepôt des Marchandises débarquées en dehors du Dock.	LIVRAISONS à la sortie DES MAGASINS avec pesage, mesurage ou comptage	LIVRAISONS à la sortie DES MAGASINS sans pesage.	MANUTENTIONS EXTRA Arrimage	MANUTENTIONS EXTRA Désarrimage.	MANUTENTIONS EXTRA Pesage.	
ACIDES en fûts...............	— 08	— 12	— 06	— 27	— 15	— 15	— 10	— 10	— 08	— 05	— 10
dº en jarres...............	— 12	— 20	— 10	— 30	— 15	— 15	— 12	— 10	— 08	— 05	
ACIER en fûts ou en caisses......	— 08	— 12	— 06	— 20	— 10	— 10	— 07	— 07	— 06	— 05	— 10
dº en barres et en vrac.........	— 08	— 09	— 04	— 25	— 10	— 12	— 08	— 08	— 05	— 06	— 10
AGATE brute......................	— 08	— 10	— 05	— 19	— 08	— 09	— 05	— 06	— 04	— 04	— 05
dº ouvrée......................	— 20	— 50	— 25	— 60	— 30	— 50	— 30	— 25	— 20	— 20	— 40
AGARIC............................	— 11	— 20	— 10	— 35	— 20	— 25	— 20	— 15	— 10	— 08	— 25
AIGUILLES........................	— 20	— 50	— 25	— 60	— 30	— 50	— 30	— 25	— 20	— 20	1 —
ALBATRE en blocs..................	— 10	— 05	— 02	— 20	— 08	— 11	— 05	— 07	— 05	— 05	— 05
dº ouvré......................	— 20	— 50	— 25	— 60	— 30	— 50	— 30	— 25	— 20	— 20	— 50
ALIZARIS..........................	— 10	— 16	— 08	— 30	— 15	— 15	— 10	— 12	— 07	— 06	— 20
ALOÈS.............................	— 10	— 13	— 06	— 22	— 10	— 12	— 08	— 08	— 06	— 06	— 25
ALUN..............................	— 09	— 10	— 05	— 20	— 10	— 11	— 07	— 07	— 05	— 05	— 10 en coques. — 20 sans coques. — 15
AMANDES en balles et barils.......	— 10	— 18	— 09	— 30	— 15	— 15	— 10	— 12	— 08	— 07	
AMBRE brut........................	— 11	— 20	— 10	— 35	— 20	— 30	— 20	— 15	— 10	— 08	1 —
dº ouvré.......................	— 20	— 50	— 25	— 60	— 30	— 50	— 30	— 25	— 20	— 20	par 4.000 fr. de valeur. — 50
AMBRETTE.........................	— 10	— 16	— 08	— 30	— 15	— 15	— 10	— 12	— 08	— 07	— 20
AMIDON...........................	— 10	— 16	— 08	— 30	— 15	— 15	— 10	— 12	— 08	— 07	— 30
ANANAS...........................	— 12	— 20	— 10	— 35	— 20	— 25	— 20	— 15	— 12	— 08	— 20
ANCRES...........................	— 10	— 09	— 04	— 25	— 10	— 12	— 06	— 08	— 06	— 06	— 05

(1) Pour les Marchandises jouissant de la faculté de l'Entrepôt fictif, il est accordé au Commerce une bonification de 25 % sur les droits de *Magasinage* établis au présent tarif.
Pour les Marchandises libres (*Voir* le Tarif Spécial, page 41.)

DÉSIGNATION DES MARCHANDISES	TARIF DES MANUTENTIONS PAR 100 KILOG.									Tarif de Magasinage par mois et par 100 kilog. Tarif du la ville
	Débarquement et mise sous hangar	LIVRAISON SUR LE QUAI		Transport et mise en Entrepôt des Marchandises débarquées dans le Dock	Mise en Entrepôt des Marchandises débarquées en dehors du Dock	LIVRAISONS à la sortie DES MAGASINS		MANUTENTIONS EXTRA		
		avec pesage, mesurage ou comptage	sans pesage			avec pesage, mesurage ou comptage	sans pesage	Arrimage	Désarrimage	Pesage
ANIS étoilé et ordinaire	—10	—18	—09	—30	—15	—16	—10	—12	—07	—06	Étoilé. —40 Ordinaire. —20
ANTIMOINE	—08	—10	—05	—19	—08	—09	—05	—06	—04	—05	—10
ANSPECTS (de gré à gré)											la pièce. —02 1/2
ARACHIDES en sacs ou en fûts	—09	—12	—06	—22	—10	—15	—12	—07	—05	—05	—10
do en grenier (1)	—12	—16	—08	—22	—10	—15	—12	—07	—05	—05	
ARDOISES (2)	—15	—08	—04	—35	—15	——	—10	—10	—07	——	—10 par 1,000 fr. de valeur.
ARGENTERIE	—50	—50	—25	—60	—30	—50	—30	—25	—20	—20	—50
ARGENT vif	—10	—18	—09	—32	—20	—20	—15	—16	—10	—10	—35
ARMES	—10	—17	—08	—30	—17	—20	—15	—12	—09	—10	—30
ARROW-ROOT	—10	—18	—09	—30	—15	—20	—15	—15	—10	—07	—40
ARSENIC	—09	—15	—07	—20	—10	—12	—07	—07	—05	—05	—15
ASPHALTE en colis	—08	—07	—03	—18	—08	—09	—07	—06	—05	—05	—02 1/2
do en grenier	—12	—10	—04	—22	—10	—11	—06	—08	—06	—06	
ASSA-FOETIDA	—11	—20	—10	—35	—20	—30	—20	—15	—10	—08	—40
AVELANÈDES	—10	—18	—09	—35	—20	—30	—20	—15	—10	—08	—10
AVIRONS (de gré à gré)											la pièce. —05
AZUR	—10	—18	—09	—30	—15	—15	—10	—12	—07	—06	—15
BABLAH	—10	—16	—08	—22	—10	—12	—08	—10	—07	—06	—10
BADIANES	—10	—18	—09	—30	—15	—10	—12	—07	—06	—15	
BAMBOUS	—14	—17	—08	—80	—17	—20	—10	—12	—09	—10	—30
BANANES	—10	—18	—09	—32	—18	—20	—15	—15	—10	—07	—20
BAUMES du Pérou, copahu et tels en fûts	—10	—20	—10	—30	—15	—20	—15	—12	—08	—08	—60
do en canastres ou jarres	—20	—30	—15	—50	—30	—35	—20	—25	—15	—20	
BENJOIN	—11	—20	—10	—45	—30	—30	—20	—15	—10	—08	—40
BEURRE	—09	—12	—06	—22	—10	—12	—08	—08	—05	—05	—20
BIÈRE en fûts (3), (l'hectol.)	—08	—12	—06	—27	—15	—15	—15	—10	—08	—06	l'hectolitre. —20
do en caisses	—15	—25	12 1/2	—35	—20	—25	—25	—20	—10	—10	l'hectolitre. —30

(1) Mise en sacs et mesurage compris ; à compter en plus la fermeture des sacs. (Voir Tarif de voilerie.)
(2) Sans responsabilité de casse.
(3) Les prix pour les liquides en fûts sont calculés à l'hectolitre.

DÉSIGNATION DES MARCHANDISES	TARIF DES MANUTENTIONS PAR 100 KILOG.									Tarif de Magasinage par mois et par 100 kilog. Tarif de la ville.
	Débarquement et mise sous hangar.	LIVRAISON SUR LE QUAI		Transport et mise en Entrepôt des Marchandises débarquées dans le Dock.	Mise en Entrepôt des Marchandises débarquées en dehors du Dock.	LIVRAISONS à la sortie DES MAGASINS		MANUTENTIONS EXTRA			
		avec pesage, mesurage ou comptage	sans pesage.			avec pesage mesurage ou comptage	sans pesage.	Arrimage.	Désarrimage.	Pesage.	
BIJOUTERIE fausse	— 20	— 50	— 25	— 60	— 30	— 50	— 30	— 25	— 20	— 20	1 — par 1,000 fr. de valeur.
do fine	— 20	— 50	— 25	— 60	— 30	— 50	— 30	— 25	— 20	— 20	— 50
BIMBELOTERIE	— 15	— 25	— 12	— 40	— 20	— 25	— 20	— 15	— 10	— 15	— 40
BISCUITS de mer	— 10	— 18	— 09	— 32	— 18	— 18	— 12	— 12	— 10	— 07	— 10
BISMUTH	— 10	— 12	— 06	— 20	— 10	— 12	— 07	— 07	— 05	— 05	— 20
BLANC de baleine	— 10	— 16	— 08	— 30	— 16	— 20	— 15	— 15	— 10	— 07	— 40
BLANC de zinc et de plomb	— 08	— 12	— 06	— 20	— 10	— 11	— 07	— 07	— 05	— 05	— 30
BLANC d'Espagne	— 08	— 09	— 04	— 20	— 10	— 11	— 07	— 07	— 05	— 05	— 20
BLÉ en sacs	— 10	— 12	— 06	— 21	— 10	— 09	— 05 avec mesurage	— 06	— 04	— 04	— 05
BLÉ en grenier(1)et laissé en grenier.	— 15	— 05	— 03	— 19	— 08	— 15	— 08	— 06	— 04	— 04	
BLEU de Prusse	— 12	— 18	— 09	— 50	— 30	— 35	— 20	— 25	— 15	— 20	— 30
BOEUF salé en colis	— 09	— 12	— 06	— 22	— 10	— 12	— 08	— 08	— 06	— 06	— 15
BOIS d'ébénisterie (2)	— 09	— 11	— 05	— 20	— 11	— 09	—	— 07	— 05	— 06	
do de teinture en bûches	— 09	— 09	— 04	— 20	— 09	— 08	— 04	— 06	— 03	— 05	à couvert — 10
do de Fustet, Nicaragua, Brésil, etc. et autres menus bois	— 10	— 12	— 06	— 22	— 10	— 12	— 07	— 08	— 05	— 06	à découvert — 02½
do de construction	— 09	— 08	— 04	— 19	— 08	— 09	— 04	— 07	— 03	— 06	
BOMBES et boulets	— 08	— 09	— 04	— 25	— 10	— 12	— 08	— 08	— 06	— 06	— 10
BORAX	— 10	— 12	— 06	— 30	— 15	— 15	— 10	— 12	— 07	— 06	— 15
BOUCHONS de Liége	— 12	— 20	— 10	— 35	— 20	— 30	— 20	— 15	— 10	— 08	— 50
BOUGIES	— 12	— 16	— 08	— 30	— 16	— 20	— 15	— 15	— 10	— 07	— 50
BOURRE de soie, balles pressées	— 12	— 18	— 09	— 21	— 10	— 12	— 08	— 08	— 05	— 05	— 50
do non pressées	— 12	— 22	— 11	— 25	— 12	— 14	— 09	— 09	— 06	— 06	
BOUTEILLES vides en grenier (sans responsabilité de casse)	— 15	— 20	— 10	— 45	— 25	— —	— 15	— 20	— 10	— 10	le 100 en nombre. — 20 à couvert — 10 à découvert — 05
BRAI	— 07	— 09	— 04	— 18	— 08	— 09	— 05	— 06	— 04	— 05	
BROME	— 09	— 12	— 06	— 20	— 10	— 12	— 08	— 07	— 05	— 05	— 30

(1) Mise en sacs et mesurage compris au débarquement et à la sortie des magasins.
(2) Compris le marquage et le numérotage au débarquement, s'il y a lieu, plus 20 % sur les frais de transport, si le navire ne décharge pas au quai au bois, par suite du refus du Capitaine de s'y rendre.

DÉSIGNATION DES MARCHANDISES	TARIF DES MANUTENTIONS PAR 100 KILOG.									Tarif de Magasinage par mois et par 100 kilog. Tarif de la ville.
	Débarquement et mise sous hangar.	LIVRAISON SUR LE QUAI		Transport et mise en Entrepôt des Marchandises débarquées dans le Dock.	Mise en Entrepôt des Marchandises débarquées en dehors du Dock.	LIVRAISONS à la sortie DES MAGASINS		MANUTENTIONS EXTRA		
		avec pesage, mesurage ou comptage	sans pesage.			avec pesage, mesurage ou comptage	sans pesage.	Arrimage.	Désarrimage.	Pesage.
BROU (écorce de noix)	— 10	— 18	— 09	— 30	— 15	— 15	— 10	— 12	— 07	— 06	— 15
CACAO en sacs et en fûts	— 10	— 14	— 07	— 22	— 10	— 12	— 08	— 07	— 04	— 05	— 15
CACHEMIRES	— 20	— 50	— 25	— 60	— 30	— 50	— 30	— 25	— 20	— 20	1 50
CABLES de chanvre	— 10	— 09	— 04	— 22	— 10	— 12	— 08	— 08	— 06	— 06	— 15
CACHOU (1)	— 08	— 11	— 05	— 20	— 09	— 12	— 08	— 08	— 05	— 05	— 15
CAFÉ en sacs et en fûts	— 10	— 16	— 08	— 24	— 12	— 12	— 08	— 08	— 05	— 06	— 15
CALAGUALA	— 10	— 20	— 10	— 35	— 20	— 30	— 20	— 15	— 10	— 08	— 30
CAMPHRE brut et raffiné	— 10	— 16	— 08	— 35	— 20	— 25	— 20	— 15	— 10	— 08	brut — 40 raffiné — 50
CANNELLE	— 11	— 20	— 10	— 35	— 20	— 30	— 20	— 15	— 10	— 08	— 60
CANONS	— 08	— 09	— 04	— 25	— 10	— 12	— 08	— 08	— 06	— 06	— 05
CANTHARIDES	— 11	— 20	— 10	— 35	— 20	— 30	— 20	— 15	— 10	— 08	— 60
CAOUTCHOUC en colis (décollage en plus en grenier)	— 09	— 10	— 05	— 20	— 09	— 08	— 05	— 07	— 04	— 05	— 35
CARBONATES	— 09	— 12	— 06	— 20	— 10	— 12	— 07	— 07	— 05	— 05	— 30
CARDAMONES	— 11	— 20	— 10	— 35	— 20	— 30	— 20	— 15	— 10	— 08	— 40
CARTHAME	— 12	— 13	— 06	— 22	— 10	— 12	— 08	— 08	— 06	— 06	— 20
CARMIN	— 20	— 35	— 15	— 50	— 30	— 35	— 20	— 25	— 15	— 20	— 25
CARILLONS et horlogerie	— 20	— 50	— 25	— 60	— 30	— 50	— 30	— 25	— 20	— 20	1 50
CASCARILLE	— 11	— 20	— 10	— 35	— 20	— 30	— 20	— 15	— 10	— 08	— 30
CASSE	— 11	— 20	— 10	— 35	— 20	— 25	— 15	— 15	— 10	— 08	— 25
CASSIA LIGNEA	— 11	— 20	— 10	— 35	— 20	— 30	— 20	— 15	— 10	— 08	— 30
CÉRUSE	— 08	— 12	— 06	— 20	— 10	— 11	— 07	— 07	— 05	— 05	— 06
CÉVADILLE	— 10	— 18	— 09	— 30	— 15	— 20	— 15	— 12	— 07	— 06	— 20
CHAINES en fer	— 10	— 09	— 04	— 25	— 10	— 12	— 08	— 08	— 06	— 06	à couvert — 04 à découvert — 02 1/2
CHANDELLES de suif	— 10	— 14	— 07	— 25	— 15	— 15	— 12	— 12	— 07	— 06	— 20
d° stéariques	— 12	— 16	— 08	— 25	— 15	— 15	— 12	— 12	— 07	— 06	— 30
CHANVRES pressés	— 10	— 12	— 06	— 20	— 09	— 11	— 07	— 08	— 05	— 05	— 07 1/2

(1) En plus le décollage au débarquement.

— 23 —

DÉSIGNATION DES MARCHANDISES	TARIF DES MANUTENTIONS PAR 100 KILOG.										Tarif de Magasinage par mois et par 100 kilog. Tarif de la ville.
	Débarquement et mise sous hangar.	LIVRAISON SUR LE QUAI		Transport et mise en Entrepôt des marchandises.	Mise en Entrepôt des Marchandises débarquées dans le Dock.	LIVRAISONS à la sortie DES MAGASINS		MANUTENTIONS EXTRA			
		avec pesage, mesurage ou comptage	sans pesage.			avec pesage, mesurage ou comptage	sans pesage.	Arrimage	Désarrimage.	Pesage.	
CHANVRES non pressés ou en grenier	— 15	— 25	— 13	— 35	— 20	— 20	— 09	— 15	— 08	— 09	— 15
CHAPEAUX de paille	— 11	— 20	— 10	— 35	— 20	— 30	— 20	— 15	— 10	— 08	1 50
CHALES et CRÊPES de Chine	— 20	— 50	— 25	— 60	— 30	— 50	— 30	— 25	— 20	— 20	1 50
CHIFFONS en colis	— 09	— 12	— 06	— 20	— 10	— 12	— 07	— 07	— 05	— 05	— 15
CHROMATE de fer en fûts	— 08	— 06	— 03	— 17	— 07	— 09	— 05	— 06	— 05	— 05	— 06
CHROMATE de potasse	— 08	— 10	— 05	— 19	— 08	— 09	— 06	— 06	— 05	— 05	— 25
CIGARES en boîte (les 1000 en nombre)	— 15	— 30	— 15	— 25	— 15	— 20	— 15	— 15	— 10	— 15	2 —
do en caisse	— 20	— 35	— 15	— 40	— 20	— 30	— 20	— 25	— 15	— 20	
CIMENT en colis	— 07	— 09	— 04	— 19	— 08	— 09	— 05	— 06	— 04	— 05	— 10
CIRE animale en colis	— 12	— 16	— 08	— 24	— 12	— 14	— 10	— 08	— 06	— 06	— 25
CITRONS	— 10	— 15	— 06	— 28	— 15	— 15	— 10	— 12	— 06	— 06	— 20
CLOUS	— 08	— 08	— 04	— 20	— 10	— 10	— 07	— 07	— 06	— 05	— 05
COBALT	— 09	— 12	— 06	— 20	— 10	— 12	— 07	— 07	— 05	— 05	— 15
COCHENILLE en sacs et en surons	— 11	— 20	— 10	— 35	— 20	— 30	— 20	— 15	— 10	— 08	1 —
COCONS de soie	— 20	— 50	— 25	— 60	— 30	— 50	— 30	— 25	— 20	— 20	— 60
COCOS en colis	— 08	— 10	— 05	— 20	— 09	— 10	— 07	— 07	— 05	— 05	— 60
COCOS (grands) en vrac	— 10	— 15	— 07	— 40	— 15	— 15	— 10 sans compt.	— 10	— 06 compt.	— 06	— 60
do (petits) en vrac (le 1000 en nomb.)	— 25	— 35	— 15	— 35	— 20	— 30	— 10	— 20	— 20	— 15	— 20
COLLE de poisson	— 11	— 20	— 10	— 35	— 20	— 20	— 10	— 12	— 09	— 10	1 —
COLLE-FORTE	— 10	— 17	— 08	— 30	— 15	— 15	— 10	— 10	— 08	— 07	— 20
CONFITURES	— 12	— 20	— 10	— 36	— 21	— 23	— 17	— 17	— 12	— 08	— 40 marinées — 15 confites — 40
CONSERVES alimentaires	— 10	— 18	— 09	— 32	— 18	— 20	— 15	— 15	— 10	— 07	
COQUES du Levant	— 10	— 18	— 09	— 30	— 15	— 15	— 10	— 12	— 07	— 06	— 20
COQUILLAGES ordinaires	— 10	— 17	— 08	— 30	— 15	— 19	— 10	— 12	— 09	— 10	— 20
do pour collection	— 50	— 50	— 25	— 50	— 30	— 35	— 25	— 20	— 15	— 15	1 50
CORDAGES neufs	— 10	— 09	— 04	— 22	— 10	— 12	— 08	— 08	— 06	— 06	— 15
do vieux, en vrac	— 15	— 16	— 08	— 30	— 13	— 12	— 08	— 10	— 08	— 08	— 15

DÉSIGNATION DES MARCHANDISES	TARIF DES MANUTENTIONS PAR 100 KILOG.										Tarif de Magasinage par mois et par 100 kilog. — Tarif de la ville
	Débarquement et mise sous hangar.	LIVRAISON SUR LE QUAI		Transport et mise en Entrepôt des Marchandises débarquées dans le Dock.	Mise en Entrepôt des Marchandises débarquées en dehors du Dock	LIVRAISONS à la sortie DES MAGASINS		MANUTENTIONS EXTRA			
		avec pesage, mesurage ou comptage	sans pesage.			avec pesage, mesurage ou comptage	sans pesage.	Arrimage	Désarrimage.	Pesage.	
CORAIL brut ou ouvré	— 20	— 50	— 25	— 60	— 30	— 50	— 30	— 25	— 20	— 20	— 40
CORIANDRE	— 10	— 18	— 09	— 30	— 15	— 16	— 10	— 12	— 07	— 06	— 50
CORNES de bœuf en vrac (1)	— 15	— 20	— 10	— 40	— 15	— 20	sans compt. — 12	— 10	— 06	— 08	— 10
d° de buffle id.	— 10	— 15	— 07	— 40	— 15	— 15	sans compt. — 10	— 10	— 06	— 06	— 20
COROZOS en colis	— 08	— 10	— 05	— 20	— 09	— 10	— 07	— 07	— 05	— 05	— 20
COTONS pressés	— 09	— 11	— 06	— 19	— 08	— 10	— 06	— 07	— 04	— 05	— 15
COTONS non pressés	— 14	— 20	— 09	— 27	— 13	— 14	— 09	— 10	— 06	— 06	— 20
COUPEROSE	— 09	— 10	— 05	— 20	— 08	— 11	— 07	— 07	— 05	— 05	— 10
CRIBLES	— 08	— 15	— 07	— 25	— 15	— 15	— 10	— 10	— 07	— 06	— 30
CRINS pressés en balles, ballotins ou surons	— 11	— 16	— 08	— 20	— 10	— 11	— 08	— 08	— 05	— 05	— 20
d° non pressés	— 13	— 18	— 09	— 25	— 12	— 15	— 10	— 10	— 06	— 07	— 30
CUBÈBES	— 10	— 18	— 09	— 35	— 20	— 30	— 20	— 15	— 10	— 08	— 40
CUIRS non dénommés en colis	— 10	— 12	— 06	— 19	— 12	— 10	— 06	— 07	— 06	— 06	— 20
d° salés de cheval en vrac (2)	— 11	— 15	— 08	— 26	— 12	— 14	— 08	— 08	— 07	— 07	— 25
d° d° de bœuf en vrac	— 10	— 11	— 06	— 20	— 08	— 12	— 07	— 07	— 06	— 06	— 25
CUIRS secs de cheval en vrac	— 12	— 20	— 10	— 45	— 20	— 22	— 12	— 14	— 10	— 10	— 20
d° d° de bœuf en vrac	— 12	— 18	— 09	— 36	— 20	— 22	— 09	— 12	— 09	— 12	— 20
CUIVRE en lingots	— 07	— 07	— 03	— 16	— 05	— 07	— 03	— 04	— 03	— 04	— 05
d° en planches	— 08	— 08	— 04	— 19	— 08	— 10	— 05	— 07	— 05	— 05	— 07 1/2
d° vieux ou neuf, en fûts	— 07	— 08	— 04	— 19	— 08	— 10	— 08	— 07	— 06	— 05	— 10
d° ouvré, en vrac ou en colis	— 10	— 12	— 06	— 30	— 17	— 19	— 10	— 12	— 09	— 09	— 10
CURCUMA	— 12	— 13	— 06	— 22	— 10	— 12	— 08	— 08	— 06	— 06	— 15
DAMES-JEANNES de 10 à 15 litres (le 100 en nombre)	2 —	1 50	— 75	3 50	1 50	1 50	1 50	1 50	1 —	— —	le 100 en nombre. 1.20
DAMES-JEANNES de 16 à 25 litres	3 —	2 —	1 —	5 —	2 —	2 —	2 —	2 —	1 20	— —	
DATTES	— 12	— 20	— 10	— 35	— 20	— 23	— 17	— 17	— 12	— 08	— 20
DÉGRAS	— 09	— 13	— 06	— 22	— 10	— 12	— 08	— 08	— 05	— 05	— 20

(1) Compris le comptage et pesage moyen au débarquement ; en plus les mannes. — La Compagnie ne répond du compte que sous la réserve d'une différence de 1 % pour les cornes de buffle et de 2 % pour les cornes de bœuf.
(2) En plus pour secouage et pliage des cuirs salés par 100 kilos ; — Secouage 0.14 ; — Pliage 0.10

DÉSIGNATION DES MARCHANDISES	TARIF DES MANUTENTIONS PAR 100 KILOG.									Tarif de Magasinage par mois et par 100 kilog. Tarif de la ville.
	Débarquement et mise sous hangar.	LIVRAISON SUR LE QUAI		Transport et mise en Entrepôt des Marchandises débarquées dans le Dock.	Mise en Entrepôt des Marchandises débarquées en dehors du Dock.	LIVRAISONS à la sortie DES MAGASINS		MANUTENTIONS EXTRA		
		avec pesage, mesurage ou comptage	sans pesage.			avec pesage, mesurage ou comptage	sans comptage	Arrimage.	Désarrimage.	Pesage.
DENTS d'éléphant en colis	— 10	— 15	— 07	— 30	— 15	— 20	— 10	— 10	— 06	— 06	— 50
do en grenier	— 11	— 20	— 10	— 40	— 20	— 20	— 10	— 12	— 09	— 10	
DENTELLES	— 20	— 50	— 25	— 60	— 30	— 50	— 30	— 25	— 20	— 20	3 —
DRAPS	— 12	— 24 avec compt.	— 12	— 40	— 20	— 24 avec compt.	— 20	— 16	— 16	— 10	1 — le 1,000 en nombre — 80
DOUVELLES (le 1000 en nombre)	4 —	2 30	1 50	5 50	3 05	1 —	1 —	2 —	1 —		
DUVET	— 11	— 20	— 10	— 35	— 20	— 30	— 20	— 15	— 10	— 08	— 50
EAUX-DE-VIE en fûts. (l'hectol.)	— 08	— 12	— 06	— 27	— 15	— 15	— 15	— 10	— 08	— 06	l'hectol. — 30
do en caisses	— 15	— 20	— 10	— 35	— 20	— 25	— 25	— 20	— 10	— 10	l'ectol. — 50
EAUX médicales en fûts (l'hectol.)	— 08	— 12	— 06	— 27	— 15	— 15	— 15	— 10	— 08	— 06	l'hectol. — 15
do en caisses	— 15	— 20	— 10	— 35	— 20	— 25	— 25	— 20	— 10	— 10	l'hectol. — 15
ÉCAILLES	— 20	— 50	— 25	— 60	— 30	— 50	— 30	— 25	— 20	— 20	1 —
ÉCORCES en colis	— 10	— 14	— 07	— 30	— 15	— 15	— 10	— 12	— 07	— 06	— 30
do en grenier	— 12	— 16	— 08	— 30	— 15	— 15	— 10	— 12	— 07	— 06	— 30
ÉDREDON	— 11	— 20	— 10	— 35	— 20	— 30	— 20	— 15	— 10	— 08	2 —
EFFETS à usage	— 11	— 20	— 10	— 35	— 20	— 30	— 20	— 15	— 10	— 08	— 60
ÉMERI en pierres	— 08	— 07	— 03	— 18	— 08	— 11	— 07	— 07	— 05	— 05	— 10
ENCENS ou oliban	— 11	— 20	— 10	— 35	— 20	— 30	— 20	— 15	— 10	— 08	— 15
ENCRE de Chine	— 20	— 35	— 15	— 50	— 30	— 35	— 20	— 25	— 15	— 20	2 —
do à écrire	— 10	— 18	— 09	— 30	— 15	— 15	— 10	— 12	— 07	— 06	— 20
ÉPONGES	— 11	— 20	— 10	— 25	— 12	— 30	— 20	— 15	— 10	— 08	1 —
ESPRITS en fûts (l'hectol.)	— 08	— 12	— 06	— 27	— 15	— 15	— 15	— 10	— 08	— 06	l'hectol. — 40
do en caisses	— 15	— 20	— 10	— 35	— 20	— 25	— 25	— 20	— 10	— 10	l'hectol. — 50
ESSENCES de térébenthine et autres pour la peinture	— 08	— 12	— 06	— 27	— 15	— 15	— 15	— 10	— 08	— 06	— 20
ESSENCES et huiles essentielles non dénommées pour médec. et parfum.	— 20	— 35	— 15	— 50	— 30	— 35	— 20	— 25	— 15	— 20	5 —
ÉTAIN en saumons et lingots	— 07	— 07	— 03	— 16	— 05	— 07	— 03	— 04	— 03	— 04	— 05

DÉSIGNATION DES MARCHANDISES	TARIF DES MANUTENTIONS PAR 100 KILOG.									Tarif de Magasinage par mois et par 100 kilog. — Tarif de la ville.
	Débarquement et mise sous hangar.	LIVRAISON SUR LE QUAI		Transport et mise en Entrepôt des Marchandises débarquées dans le Dock.	Mise en Entrepôt des Marchandises débarquées en dehors du Dock.	LIVRAISONS à la sortie DES MAGASINS		MANUTENTIONS EXTRA		
		avec pesage, mesurage ou comptage	sans pesage.			avec pesage, mesurage ou comptage	sous pesage.	Arrimage	Désarrimage.	Pesage.	
FANONS (1)..................	— 10	— 17	— 08	— 30	— 17	— 19	— 10	— 12	— 09	— 10	— 20
FARINE en colis...........	— 08	— 12	— 05	— 18	— 07	— 09	— 05	— 06	— 04	— 04	— 10
FAUX	—	—	—	—	—	—	—	—	—	—	—15
FER-BLANC et ferraille en colis et en vrac.................	— 10	— 09	— 04	— 20	— 10	— 12	— 08	— 08	— 06	— 05	— 20
FEUILLES de laurier et autres feuilles et fleurs médicinales...........	— 11	— 20	— 10	— 35	— 20	— 30	— 20	— 15	— 10	— 08	— 30
FEUILLES de latanier............	— 16	— 22	— 11	— 30	— 15	— 20	— 15	— 12	— 08	— 10	— 30
FÈVES médicinales.............	— 11	— 20	— 10	— 35	— 20	— 30	— 20	— 15	— 10	— 08	1 —
FIGUES sèches.................	— 10	— 18	— 09	— 32	— 18	— 20	— 15	— 15	— 10	— 07	— 20
FER en barres (2).............	— 07	— 08	— 04	— 19	— 08	— 10	— 05	— 07	— 05	— 05	— 05
d° en masse.............	— 06	— 05	— 02	— 15	— 05	— 07	— 03	— 04	— 03	— 04	— 02$^{1/2}$
FILS de chanvre..............	— 12	— 24	— 12	— 30	— 15	— 20	— 15	— 12	— 10	— 10	— 15
d° de lin...................	— 12	— 24	— 12	— 30	— 15	— 20	— 15	— 12	— 10	— 10	— 30
FILS de laine et coton........	— 12	— 24	— 12	— 30	— 15	— 20	— 15	— 12	— 10	— 10	1 —
d° de soie................	— 20	— 50	— 25	— 60	— 30	— 50	— 30	— 25	— 20	— 20	1 50
FIL DE FER et de cuivre en fûts...	— 08	— 12	— 06	— 20	— 10	— 10	— 07	— 06	— 06	— 05	— 15
d° en vrac...............	— 10	— 09	— 04	— 22	— 10	— 13	— 08	— 07	— 06	— 05	— 15
FONTE en gueuses.............	— 06	— 05	— 02	— 15	— 05	— 06	— 03	— 04	— 03	— 04	— 02$^{1/2}$
d° ouvrée en vrac........	— 10	— 09	— 04	— 25	— 10	— 12	— 08	— 08	— 06	— 06	— 05
d° d° en colis........	— 08	— 10	— 05	— 20	— 10	— 12	— 08	— 08	— 05	— 05	— 10
FROMAGES en caisses ou en fûts.....	— 10	— 12	— 06	— 22	— 10	— 12	— 08	— 08	— 06	— 06	— 15
d° en grenier.............	— 12	— 14	— 07	— 30	— 15	— 18	— 12	— 15	— 10	— 10	— 15
FRUITS de table non dénommés en colis.............	— 12	— 20	— 10	— 35	— 20	— 23	— 17	— 17	— 12	— 08	— 20
FUTAILLES vides (les 100 litres)......	— 07	— 07	— 03	— 20	— 09	— 10	— 10	— 08	— 06	— 05	les 100 litres — 20
GALIPOT........................	— 08	— 10	— 05	— 19	— 08	— 10	— 07	— 07	— 05	— 05	— 10

(1) Ouverture des paquets en sus. (*Voir* le Tarif de Voilerie).
(2) En plus, les lotissements autres que ceux exigés par la douane sur le quai ou en magasin.

— 27 —

DÉSIGNATION DES MARCHANDISES	TARIF DES MANUTENTIONS PAR 100 KILOG.									Tarif de Magasinage par mois et par 100 kilog. Tarif de la ville.
	Débarquement et mise sous hangar.	LIVRAISON SUR LE QUAI		Transport et mise en Entrepôt des marchandises débarquées dans le Dock.	Mise en Entrepôt des Marchandises débarquées en dehors du Dock.	LIVRAISONS à la sortie DES MAGASINS		MANUTENTIONS EXTRA			
		avec pesage, mesurage ou comptage	sans pesage.			avec pesage, mesurage ou comptage	sans pesage.	Arrimage.	Désarrimage.	Pesage.	
GARANCE en racine............	— 10	— 16	— 08	— 30	— 15	— 15	— 10	— 12	— 07	— 06	— 20
d° en poudre	— 12	— 13	— 06	— 22	— 10	— 12	— 08	— 08	— 06	— 06	— 15
GENTIANE	— 11	— 20	— 10	— 35	— 20	— 30	— 20	— 15	— 10	— 08	— 20
GENIÈVRE en fûts (l'hectol.)........	— 08	— 12	— 06	— 27	— 15	— 15	— 15	— 10	— 08	— 06	l'hectol. — 30
d° en caisses ou d.-jeannes..	— 15	— 20	— 10	— 35	— 20	— 25	— 25	— 20	— 10	— 10	l'hectol. — 50
GINGEMBRE.............	— 12	— 13	— 06	— 25	— 12	— 15	— 10	— 10	— 07	— 06	— 20
GIROFLE	— 10	— 16	— 08	— 30	— 15	— 18	— 12	— 12	— 07	— 06	— 30
GOMME oliban...........	— 11	— 20	— 10	— 35	— 20	— 30	— 20	— 15	— 10	— 08	— 15
d° copale............	— 10	— 13	— 06	— 22	— 10	— 15	— 10	— 10	— 07	— 06	— 25
d° laque.............	— 10	— 13	— 06	— 22	— 10	— 15	— 10	— 08	— 06	— 06	— 20
d° de Sénégal........	— 10	— 13	— 06	— 22	— 10	— 12	— 08	— 07	— 04	— 05	— 15
d° élastique	— 10	— 13	— 06	— 22	— 10	— 12	— 08	— 08	— 05	— 05	— 35 couvert — 10 à découvert — 05
GOUDRON.............	— 08	— 10	— 05	— 19	— 08	— 09	— 05	— 06	— 04	— 05	
GRAINS et graines légumineuses non dénommées, en grenier (1)............	— 15	— 05	— 03	— 19	— 08	— 10	— 05	— 06	— 04	— 05	— 10
GRAINS en sacs................	— 08	— 09	— 04	— 19	— 08	— 10	— 05	— 06	— 04	— 05	— 10
GRAINES OLÉAGINEUSES de lin colza moutarde sésame et autres non dénommées } en grenier (1)	— 12	— 16	— 08	— 21	— 09	— 12	— 08	— 07	— 04	— 05	— 10
} en colis.....	— 09	— 12	— 06	— 21	— 09	— 12	— 08	— 06	— 04	— 05	— 10
GRAVURES et dessins...............	— 20	— 50	— 25	— 60	— 30	— 50	— 30	— 25	— 20	— 20	1 50
GRAISSES non dénommées............	— 08	— 12	— 06	— 21	— 09	— 12	— 08	— 08	— 05	— 05	— 12 ½
GRIFFES de girofle.................	— 10	— 16	— 08	— 30	— 15	— 18	— 12	— 12	— 07	— 06	— 10
GUANO (2).........................	— 11	— 11	— 05	— 19	— 09	— 10	— 05	— 06	— 04	— 05	— 10
GUTTA-PERCHA	— 10	— 13	— 06	— 22	— 10	— 12	— 08	— 08	— 05	— 05	— 35
GUINÉES bleues...................	— 10	— 15	— 07	— 25	— 12	— 15	— 10	— 08	— 05	— 05	— 25
HORLOGERIE (commune) en colis....	— 10	— 20	— 10	— 30	— 15	— 25	— 20	— 20	— 15	— 15	— 60·
d° (pendules) d°	— 20	— 50	— 25	— 60	— 30	— 50	— 30	— 25	— 20	— 20	1 50

(1) Arrivant en grenier, mise en sacs et mesurage compris.
(2) En plus, la mise en sacs au compte du réclamateur 0,07 les 100 kilog. et la fermeture des sacs. (*Voir le Tarif de voilerie*).

— 28 —

DÉSIGNATION DES MARCHANDISES	TARIF DES MANUTENTIONS PAR 100 KILOG.									Tarif de Magasinage par mois et par 100 kilog. Tarif de la ville.
	Débarquement et mise sous hangar.	LIVRAISON SUR LE QUAI		Transport et mise en Entrepôt des Marchandises débarquées dans le Dock.	Mise en Entrepôt des Marchandises débarquées en dehors du Dock.	LIVRAISONS à la sortie DES MAGASINS		MANUTENTIONS EXTRA		
		avec pesage, mesurage ou comptage	sans pesage.			avec pesage mesurage ou comptage	sans pesage.	Arrimage	Désarrimage.	Péage.
HOUBLON	—12	—16	—08	—24	—12	—15	—10	—08	—06	—06	—20
HUILE d'olive et autres huiles fixes non dénommées en fûts	—08	—12	—06	—27	—15	—15	—15	—10	—08	—06	—25
en dames-jeannes, cruches ou caisses	—15	—25	—12	—35	—20	—25	—25	—20	—10	—10	
HUILE de pétrole	—08	—10	—05	—18	—10	—10	—06	—10	—06	—04	—20
HUILE de palme, de coco et autres concrètes en fûts	—08	—12	—06	—21	—09	—12	—08	—08	—05	—05	—15
HUILE de baleine en fûts	—08	—12	—06	—22	—10	—15	—10	—10	—08	—06	—15
HUILES volatiles et essentielles	—20	—35	—13	—50	—30	—35	—20	—25	—15	—20	5 —
INDIGO en caisses	—10	—15	—08	—45	—30	—40	—30	—20	—15	—10	—50
do en sacs ou surons	—11	—20	—10	—35	—20	—30	—20	—15	—10	—08	—50
INSTRUMENTS aratoires	—10	—09	—04	—25	—10	—15	—10	—08	—06	—06	—15
INSTRUMENTS de musique, de sciences et de marine	—10	—30	—15	—40	—20	—30	—20	—20	—15	—15	1 —
IPÉCACUANHA	—11	—20	—10	—35	—20	—30	—20	—15	—10	—08	—50
IRIS	—10	—18	—09	—30	—15	—15	—10	—12	—07	—06	—25
IVOIRE brut en grenier	—11	—20	—10	—40	—20	—20	—10	—12	—09	—10	—50
JALAP	—10	—18	—09	—30	—15	—30	—20	—15	—10	—08	—30
JAMBON et lard	—09	—12	—06	—22	—10	—12	—08	—08	—06	—06	—15
JONCS	—14	—17	—08	—30	—17	—20	—10	—12	—09	—10	—30
JOUETS d'enfants	—15	—25	—12	—40	—20	—25	—20	—15	—10	—15	—40
JUS de citron en fûts	—08	—12	—06	—27	—15	—15	—15	—10	—08	—06	—20
do en caisses ou paniers	—15	—20	—10	—35	—20	—25	—25	—20	—10	—10	
JUS de réglisse en caisses	—10	—16	—08	—30	—15	—20	—15	—10	—08	—08	—15
JUS et sirops de table	—12	—20	—10	—35	—20	—23	—17	—17	—12	—08	—45
JUTE et PITRE en balles non pressées	—13	—18	—09	—30	—15	—15	—10	—10	—06	—07	—15
do pressées	—10	—12	—06	—20	—09	—11	—07	—08	—05	—05	—07½
LACK-DYE	—10	—15	—07	—40	—25	—30	—20	—15	—12	—10	—35

DÉSIGNATION DES MARCHANDISES	TARIF DES MANUTENTIONS PAR 100 KILOG.									Tarif de Magasinage par mois et par 100 kilog. Tarif de la ville.
	Débarquement et mise sous hangar.	LIVRAISON SUR LE QUAI avec pesage, mesurage ou comptage	LIVRAISON SUR LE QUAI sans pesage.	Transport et mise en Entrepôt des Marchandises débarquées dans le Dock.	Mise en Entrepôt des Marchandises débarquées en dehors du Dock	LIVRAISONS à la sortie DES MAGASINS avec pesage, mesurage ou comptage	LIVRAISONS à la sortie DES MAGASINS sans pesage.	MANUTENTIONS EXTRA Arrimage.	MANUTENTIONS EXTRA Désarrimage.	MANUTENTIONS EXTRA Pesage.	
LAINES en balles pressées	— 11	— 18	— 08	— 19	— 12	— 14	— 08	— 10	— 05	— 07	— 20
do non pressées	— 12	— 22	— 09	— 26	— 14	— 16	— 09	— 11	— 08	— 08	— 30
LÉGUMES secs en grenier (1)	— 15	— 05	— 02	— 19	— 08	— 10	— 05	— 06	— 04	— 05	— 10
do en sacs	— 08	— 09	— 04	— 19	— 08	— 10	— 05	— 06	— 04	— 05	— 10
LIBRAIRIE	— 10	— 30	— 15	— 35	— 20	— 25	— 20	— 15	— 10	— 10	— 50
LICHEN	— 13	— 18	— 09	— 35	— 20	— 20	— 15	— 12	— 08	— 07	— 25
LICOPODIUM	— 13	— 18	— 09	— 30	— 15	— 15	— 10	— 12	— 07	— 06	— 30
LIÈGES en planches ou en balles	— 12	— 16	— 08	— 30	— 16	— 20	— 15	— 12	— 08	— 07	— 40
LIN en balles pressées et non pressées	— 13	— 18	— 09	— 23	— 11	— 14	— 09	— 09	— 06	— 06	— 20
LINGE de table en fil ou coton	— 13	— 24	— 12	— 40	— 20	— 24	— 20	— 15	— 10	— 10	ouvré ou non — 75 damassé 1 50
LIQUIDES non dénommés en fûts (2)	— 08	— 12	— 06	— 27	— 15	— 15	— 15	— 10	— 08	— 06	Voir les prix portés à chaque espèce de liquide.
do en caisses, dames-jeannes ou jarres	— 15	— 20	— 10	— 35	— 20	— 25	— 25	— 20	— 10	— 10	
LIMES	— 08	— 12	— 06	— 20	— 10	— 10	— 08	— 07	— 05	— 05	— 15
LITHARGE	— 08	— 12	— 06	— 20	— 10	— 11	— 07	— 07	— 05	— 05	— 06
MACHINES et mécaniques en vrac (3)	— 10	— 12	— 04	— 25	— 10	— 12	— 08	— 08	— 06	— 06	— 25
do en colis	— 08	— 09	— 06	— 20	— 10	— 10	— 08	— 07	— 06	— 05	
MACIS	— 11	— 20	— 10	— 35	— 20	— 30	— 20	— 15	— 10	— 08	— 50
MAGNÉSIE	— 11	— 20	— 10	— 35	— 20	— 30	— 20	— 15	— 10	— 08	— 30
MAÏS en sacs	— 08	— 09	— 04	— 19	— 08	— 09	— 05	— 06	— 04	— 05	— 05
MANGANÈSE	— 08	— 10	— 05	— 19	— 08	— 09	— 05	— 06	— 04	— 05	— 06
MANIOC	— 11	— 15	— 07	— 30	— 15	— 20	— 15	— 15	— 10	— 07	— 20
MANNE	— 11	— 20	— 10	— 30	— 15	— 30	— 20	— 15	— 10	— 08	— 30
MARBRE en blocs	— 10	— 05	— 02	— 20	— 10	—	— 03	— 10	— 03	—	— 05
do en tranches (4)	— 15	— 10	— 05	— 35	— 15	—	— 10	— 10	— 07	—	— 10
do ouvré	— 15	— 25	— 12	— 30	— 15	— 15	— 10	— 10	— 07	— 06	— 15
MATS (de gré à gré)											Mâts, la pièce 3 — Mâtereaux 1 50

(1) Arrivant en grenier, mise en sacs et mesurage compris.
(2) Les prix pour les liquides en fûts sont calculés à l'hectolitre.
(3) Les colis d'un poids indivis au-dessus de 1,500 kil. jusqu'à 3,000, payeront double droit ; au-dessus de 3,000 kil., on traitera de gré à gré.
(4) Sans responsabilité de casse.

DÉSIGNATION DES MARCHANDISES	TARIF DES MANUTENTIONS PAR 100 KILOG.									Tarif de Magasinage par mois et par 100 kilog. — Tarif de la ville.
	Débarquement et mise sous hangar.	LIVRAISON SUR LE QUAI		Transport et mise en Entrepôt des marchandises débarquées dans le Dock.	Mise en Entrepôt des Marchandises débarquées en dehors du Dock.	LIVRAISONS à la sortie DES MAGASINS		MANUTENTIONS EXTRA		
		avec pesage, mesurage ou comptage	sans pesage.			avec pesage, mesurage ou comptage	sans pesage.	Arrimage.	Désarrimage.	Pesage.	
MÉDICAMENTS composés	— 20	— 35	— 15	— 50	— 30	— 35	— 20	— 25	— 15	— 20	— 50
MÉLASSE	— 09	— 13	— 06	— 20	— 10	— 12	— 08	— 08	— 05	— 05	— 05
MERCERIE	— 20	— 50	— 25	— 50	— 25	— 50	— 30	— 20	— 15	— 15	— 40
MERCURE	— 10	— 18 avec compt.	— 09	— 30	— 15	— 20 avec compt.	— 15	— 16	— 10	— 10	— 35
MERRAINS du Nord (le 1000)	5 —	2 50	2 —	6 —	4 —	1 50	1 50	2 50	1 50	— —	le 1.000 — 80
MÉTAUX non dénommés en barres et en planches (1)	— 07	— 08	— 04	— 19	— 08	— 10	— 05	— 07	— 05	— 05	Voir les prix portés à chaque espèce
d° en saumons ou lingots	— 06	— 06	— 03	— 16	— 05	— 07	— 03	— 04	— 03	— 04	
d° en gueuses (fonte)	— 06	— 05	— 02	— 15	— 05	— 06	— 03	— 04	— 03	— 04	
d° en feuilles	— 08	— 08	— 04	— 19	— 08	— 10	— 05	— 07	— 05	— 05	
MEULES	— 10	— 10	— 05	— 20	— 10	— 10	— 06	— 08	— 06	— 06	— 20
MIEL	— 12	— 18	— 09	— 30	— 15	— 23	— 17	— 17	— 12	— 08	— 10
MINE de plomb	— 09	— 10	— 05	— 20	— 10	— 11	— 07	— 07	— 05	— 05	— 06
MINERAIS de fer, de cuivres et autres en fûts	— 08	— 06	— 03	— 18	— 08	— 09	— 05	— 06	— 04	— 05	— 05
d° en sacs	— 08	— 10	— 05	— 20	— 10	— 11	— 07	— 07	— 05	— 05	— 05
MINIUM	— 08	— 12	— 06	— 20	— 10	— 11	— 07	— 07	— 05	— 05	— 15
MORUE sèche en colis	— 09	— 12	— 06	— 22	— 10	— 12	— 08	— 08	— 06	— 06	— 20
MOUSSELINE	—	—	—	—	—	—	—	—	—	—	1 50
MUSC	— 30	— 50	— 25	— 50	— 30	— 35	— 20	— 25	— 15	— 20	Par 1.000 fr de valeur — 50
MUSCADES	— 11	— 20	— 10	— 35	— 20	— 30	— 20	— 15	— 10	— 08	— 50
MYROBOLANS	— 10	— 20	— 10	— 35	— 20	— 30	— 20	— 15	— 10	— 08	— 25
MYRRHE	— 11	— 20	— 10	— 35	— 20	— 30	— 20	— 15	— 10	— 08	— 20
NACRE en colis	— 09	— 12	— 06	— 20	— 09	— 12	— 09	— 07	— 05	— 05	— 20
d° en grenier (2) et laissée en grenier	— 12	— 22	— 10	— 25	— 14	— 20	— 12	— 10	— 08	— 07	— 20
NANKIN	— 12	— 24	— 12	— 40	— 20	— 24	— 20	— 16	— 12	— 10	— 20

(1) En plus, les lotissements autres que ceux demandés par la Douane.
(2) En plus, les mannes au débarquement.

DÉSIGNATION DES MARCHANDISES	TARIF DES MANUTENTIONS PAR 100 KILOG.									Tarif de Magasinage par mois et par 100 kilog. Tarif de la ville.
	Débarquement et mise sous hangar.	LIVRAISON SUR LE QUAI		Transport et mise en Entrepôt des Marchandises débarquées dans le Dock.	Mise en Entrepôt des Marchandises débarquées en dehors du Dock.	LIVRAISONS à la sortie DES MAGASINS		MANUTENTIONS EXTRA		
		avec pesage, mesurage ou comptage	sans pesage.			avec pesage mesurage ou comptage	sans pesage.	Arrimage.	Désarrimage.	Pesage.
NATTES en balles ou paquets...	— 10	— 17	— 08	— 30	— 15	— 20	— 10	— 12	— 09	— 10	— 20
NERPRUN...	— 10	— 18	— 09	— 30	— 15	— 15	— 10	— 12	— 07	— 06	— 25
NITRATES de soude et de potasse...	— 08	— 10	— 05	— 20	— 09	— 11	— 07	— 07	— 05	— 05	— 10
NOIR de fumée et noir animal en colis	— 09	— 12	— 06	— 20	— 10	— 11	— 07	— 07	— 05	— 05	— 15
NOIX de galle...	— 10	— 17	— 08	— 30	— 17	— 20	— 10	— 12	— 09	— 10	— 30
OBJETS d'art et de collection...	— 30	— 50	— 25	1 —	— 50	— 50	— 30	— 25	— 20	— 20	1 —
OCRE en sacs ou en fûts...	— 08	— 10	— 05	— 18	— 08	— 10	— 07	— 07	— 05	— 05	— 10
OIGNONS en gousses non dénommés	— 11	— 20	— 10	— 35	— 20	— 30	— 20	— 15	— 10	— 08	— 20
OLÉINE...	— 08	— 12	— 06	— 21	— 10	— 12	— 08	— 08	— 05	— 05	— 15
OLIVES...	— 12	— 20	— 10	— 35	— 20	— 23	— 17	— 17	— 12	— 08	— 20
ONGLONS de tortue en colis...	— 08	— 15	— 07	— 35	— 15	— 15	— 10	— 08	— 06	— 05	— 30
d° de bétail en colis...	— 08	— 10	— 05	— 20	— 10	— 12	— 08	— 08	— 06	— 05	— 15
d° en grenier (1)...	— 12	— 10	— 04	— 35	— 15	— 15	— 10	— 12	— 08	— 08	— 20
OPIUM...	— 11	— 20	— 10	— 35	— 20	— 30	— 20	— 15	— 10	— 08	— 50 Pour 1,000 fr. de valeur.
OR et ARGENT, ouvré ou monnayé..	1 —	1 —	— 50	1 50	— 75	1 —	1 —	— 75	— 50	— 50	— 50
ORANGES en colis...	— 10	— 15	— 06	— 28	— 15	— 18	— 13	— 12	— 06	— 06	— 25
ORANGETTES...	— 10	— 15	— 06	— 28	— 15	— 18	— 13	— 12	— 06	— 06	— 25
OREILLONS et rogn. de peaux en colis	— 11	— 16	— 08	— 20	— 10	— 11	— 08	— 08	— 05	— 05	— 20
ORGE perlé...	— 10	— 18	— 09	— 32	— 18	— 20	— 15	— 15	— 10	— 07	— 20
ORSEILLE...	— 12	— 16	— 08	— 24	— 12	— 20	— 15	— 12	— 08	— 07	— 30
OS de bétail en colis...	— 08	— 10	— 05	— 20	— 10	— 12	— 08	— 08	— 06	— 05	— 15
d° en grenier (2)...	— 12	— 12	— 04	— 36	— 15	— 16	— 10	— 12	— 08	— 09	— 20
OSIER...	— 10	— 17	— 08	— 30	— 17	— 20	— 10	— 12	— 09	— 10	— 20
OUTILS...	— 10	— 17	— 08	— 30	— 17	— 20	— 10	— 12	— 09	— 10	— 30
PALMA-CHRISTI en graines...	— 09	— 12	— 06	— 21	— 09	— 12	— 08	— 07	— 05	— 05	— 30
PAPIER...	— 10	— 20	— 10	— 30	— 15	— 15	— 10	— 10	— 08	— 06	— 40
PARFUMERIE...	— 20	— 35	— 17	— 50	— 30	— 30	— 20	— 20	— 15	— 20	— 50

(1) En plus, les mannes au débarquement.
(2) Idem.

— 32 —

DÉSIGNATION DES MARCHANDISES	TARIF DES MANUTENTIONS PAR 100 KILOG.									Tarif de Magasinage par mois et par 100 kilog. Tarif de la ville.
	Débarquement et mise sous hangar.	LIVRAISON SUR LE QUAI		Transport et mise en Entrepôt des Marchandises débarquées dans le Dock.	Mise en Entrepôt des Marchandises débarquées en dehors du Dock.	LIVRAISONS à la sortie DES MAGASINS		MANUTENTIONS EXTRA		
		avec pesage, mesurage ou comptage	sans pesage.			avec pesage, mesurage ou comptage	sans pesage.	Arrimage	Désarrimage.	Pesage.
PASSEMENTERIE................	— 20	— 50	— 25	— 50	— 30	— 50	— 30	— 25	— 20	— 20	— 60
PASTEL et peintures............	— 10	— 20	— 10	— 30	— 15	— 15	— 10	— 10	— 08	— 06	— 30
PATES diverses.................	— 11	— 15	— 07	— 27	— 14	— 16	— 12	— 10	— 06	— 06	— 30
PATCHOULI.....................	— 11	— 20	— 10	— 35	— 20	— 30	— 20	— 15	— 12	— 10	— 30
PEAUX de chien de mer.........	— 10	— 25	— 12	— 35	— 20	— 25	— 18	— 15	— 10	— 08	— 35
PEAUX de mouton en balles pressées.	— 12	— 18	— 09	— 19	— 12	— 13	— 09	— 09	— 06	— 06	— 20
d° non pressées.	— 12	— 22	— 11	— 25	— 12	— 14	— 09	— 09	— 06	— 06	— 30
PEAUX de chèvre, d'agneau et autres.	— 12	— 20	— 10	— 25	— 12	— 16	— 10	— 09	— 06	— 06	— 60
PELLETERIES non dénommées, brutes	— 12	— 22	— 10	— 25	— 12	— 16	— 10	— 09	— 06	— 06	— 60
PELLETERIES non dénommées, ouvrées...........................	— 14	— 25	— 12	— 30	— 15	— 20	— 15	— 10	— 08	— 06	1 50
PERLASSE......................	— 08	— 10	— 05	— 19	— 08	— 09	— 05	— 06	— 04	— 05	— 08
PHOSPHORE	— 20	— 30	— 15	— 50	— 30	— 40	— 30	— 25	— 20	— 20	1 —
PIERRES à aiguiser en colis......	— 08	— 15	— 07	— 30	— 15	— 15	— 10	— 12	— 09	— 10	— 20
PIERRES lithographiques en colis..	— 08	— 12	— 06	— 25	— 15	— 15	— 10	— 10	— 07	— 06	— 15
d° en vrac.....	— 15	— 10	— 05	— 30	— 15	— 20	— 15	— 12	— 08	— 07	
PIERRE PONCE.................	— 10	— 17	— 08	— 30	— 17	— 19	— 10	— 12	— 09	— 10	— 30
PIERRERIES fausses.............	— 10	— 20	— 10	— 30	— 17	— 20	— 10	— 12	— 09	— 10	— 25
PIMENT	— 10	— 14	— 07	— 22	— 10	— 12	— 08	— 07	— 04	— 05	— 15
PISTACHES....................	— 12	— 20	— 10	— 35	— 20	— 23	— 17	— 17	— 12	— 08	— 20
PLOMB en saumons..............	— 06	— 05	— 02	— 16	— 05	— 07	— 03	— 04	— 03	— 04	— 02²/₃
d° en feuilles............	— 08	— 08	— 04	— 19	— 08	— 10	— 05	— 07	— 05	— 05	— 04¹/₂
PLUMES d'autruche et de vautour....	— 10	— 20	— 10	— 30	— 15	— 20	— 12	— 12	— 09	— 10	1 50
d° à lit et à écrire.........	— 11	— 20	— 10	— 35	— 20	— 25	— 18	— 15	— 10	— 08	— 50
d° de parure...............	— 20	— 50	— 25	— 60	— 30	— 50	— 30	— 25	— 20	— 20	1 50
POILS de vache, plocs, poils de porc en colis pressés................	— 11	— 16	— 08	— 21	— 10	— 11	— 08	— 08	— 05	— 05	— 20

DÉSIGNATION DES MARCHANDISES	TARIF DES MANUTENTIONS PAR 100 KILOG.									Tarif de Magasinage par mois et par 100 kilog. — Tarif de la ville.
	Débarquement et mise sous hangar.	LIVRAISON SUR LE QUAI		Transport et mise en Entrepôt des Marchandises débarquées dans le Dock.	Mise en Entrepôt des Marchandises débarquées en dehors du Dock	LIVRAISONS à la sortie DES MAGASINS		MANUTENTIONS EXTRA		
		avec pesage, mesurage ou comptage	sans pesage.			avec pesage, mesurage ou comptage	sans pesage.	Arrimage	Désarrimage.	Pesage.
POILS de vache, plocs, poils de porcs en colis non pressés	— 13	— 18	— 09	— 25	— 12	— 15	— 09	— 09	— 06	— 06	— 20
POILS de lièvre, de lapin, de chèvre et de chameau	— 11	— 17	— 08	— 30	— 17	— 18	— 12	— 12	— 09	— 10	— 50
POISSONS secs salés, en colis	— 09	— 12	— 06	— 22	— 10	— 12	— 08	— 08	— 06	— 06	— 20
d° marinés	— 10	— 18	— 09	— 32	— 18	— 20	— 15	— 15	— 10	— 07	— 30
POIVRE	— 10	— 14	— 07	— 22	— 10	— 12	— 08	— 07	— 04	— 05	— 15
PORCELAINE en vrac	1 —	1 —	— 50	1 50	— 75	1 —	— 75	— 75	— 50	— 50	— 50
d° emballée	— 20	— 50	— 25	— 50	— 30	— 50	— 30	— 20	— 15	— 15	— 50
POTASSE	— 08	— 10	— 05	— 19	— 08	— 09	— 05	— 06	— 04	— 05	— 08
POTERIE fine en vrac	— 50	— 50	— 25	1 10	— 50	— 60	— 45	— 30	— 20	— 30	— 30
d° emballée	— 20	— 30	— 15	— 40	— 25	— 50	— 30	— 20	— 15	— 15	— 30
POTERIE commune, en vrac	— 25	— 20	— 10	— 50	— 30	— 30	— 20	— 25	— 15	— 15	— 25
d° emballée	— 10	— 20	— 10	— 30	— 15	— 20	— 15	— 15	— 10	— 10	— 25
PRODUITS chimiques et pharmaceutiques non dénommés :											
en fûts ou en caisses	— 10	— 20	— 10	— 30	— 15	— 20	— 15	— 12	— 08	— 08	— 35
en jarres ou en pots	— 20	— 35	— 15	— 50	— 30	— 35	— 20	— 25	— 15	— 20	— 60
QUERCITRON en colis	— 09	— 11	— 05	— 19	— 08	— 09	— 05	— 06	— 04	— 05	— 10
QUINCAILLERIE grosse en vrac	— 10	— 09	— 04	— 25	— 10	— 12	— 08	— 08	— 06	— 06	— 15
d° en colis	— 08	— 11	— 05	— 20	— 10	— 10	— 08	— 07	— 06	— 05	— 15
QUINCAILLERIE fine, en colis	— 10	— 17	— 08	— 30	— 17	— 20	— 10	— 12	— 09	— 10	— 30
QUINQUINA	— 10	— 16	— 08	— 30	— 15	— 15	— 10	— 12	— 07	— 06	Rouge — 60 gris et autres, — 30
RACINES de réglisse et autres non dénommées	— 12	— 16	— 08	— 24	— 12	— 14	— 10	— 08	— 06	— 06	— 22 1/2
RAISINS secs pour boissons, en fûts	— 08	— 09	— 04	— 19	— 08	— 09	— 05	— 06	— 04	— 04	— 20
d° de table, en caisses	— 10	— 18	— 09	— 32	— 18	— 20	— 15	— 15	— 10	— 07	— 20

DÉSIGNATION DES MARCHANDISES	TARIF DES MANUTENTIONS PAR 100 KILOG.									Tarif de Magasinage par mois et par 100 kilog. — Tarif de la ville.
	Débarquement et mise sous hangar.	LIVRAISON SUR LE QUAI		Transport et mise en Entrepôt des marchandises débarquées dans le Dock.	Mise en Entrepôt des Marchandises débarquées en dehors du Dock.	LIVRAISONS à la sortie DES MAGASINS		MANUTENTIONS EXTRA		
		avec pesage, mesurage ou comptage	sans pesage.			avec pesage, mesurage ou comptage	sans pesage.	Arrimage	Désarrimage.	Pesage.
RÉSINE............................	— 08	— 08	— 04	— 18	— 07	— 09	— 04	— 06	— 04	— 04	à couvert — 10 à découvert — 05
RHUBARBE........................	— 11	— 20	— 10	— 35	— 20	— 30	— 20	— 15	— 10	— 08	— 50
RHUM en fûts (l'hectol.).........	— 08	— 12	— 06	— 27	— 15	— 15	— 15	— 10	— 08	— 06	l'hectolitre — 30
d° en caisses.................	— 15	— 25	— 12	— 35	— 20	— 25	— 25	— 20	— 10	— 10	l'hectolitre — 50
RIZ en sacs ou en fûts...........	— 09	— 10	— 05	— 21	— 10	— 09	— 05	— 06	— 04	— 05	— 08
ROCOU............................	— 09	— 12	— 06	— 20	— 10	— 11	— 07	— 07	— 05	— 05	— 20
ROGNURES de cuir en balles pressées	— 11	— 16	— 08	— 20	— 10	— 11	— 08	— 08	— 05	— 05	— 20
ROTINS...........................	— 14	— 17	— 08	— 30	— 17	— 20	— 10	— 12	— 09	— 10	— 30
RUBANS sur bobines...............	— 20	— 50	— 25	— 60	— 30	— 50	— 30	— 25	— 20	— 20	1 —
SACS vides.......................	— 12	— 12	— 06	— 25	— 12	— 12	— 08	— 10	— 07	— 06	— 08
SAFRAN...........................	— 11	— 20	— 10	— 30	— 18	— 20	— 15	— 12	— 08	— 06	1 20
SAFRANUM.........................	— 12	— 13	— 06	— 22	— 10	— 12	— 08	— 08	— 06	— 06	— 20
SAGOU............................	— 11	— 17	— 08	— 30	— 15	— 18	— 13	— 12	— 08	— 07	— 30
SAINDOUX.........................	— 08	— 10	— 05	— 19	— 08	— 10	— 05	— 06	— 04	— 05	— 12 1/2
SALAISONS non dénommées, en colis	— 09	— 12	— 06	— 22	— 10	— 12	— 08	— 08	— 06	— 06	— 15
SALPÊTRE.........................	— 08	— 10	— 05	— 20	— 09	— 11	— 07	— 07	— 05	— 05	— 10
SALSEPAREILLE....................	— 12	— 16	— 08	— 24	— 12	— 14	— 10	— 08	— 06	— 06	— 60
SANDARAQUE.......................	— 10	— 13	— 06	— 22	— 10	— 15	— 10	— 10	— 07	— 06	— 20
SANG-DRAGON......................	— 10	— 18	— 09	— 30	— 15	— 15	— 10	— 10	— 07	— 06	— 40
SAVON autre que pour la parfumerie.	— 09	— 11	— 05	— 22	— 10	— 11	— 08	— 08	— 05	— 05	— 15
SCAMMONÉE........................	— 12	— 18	— 09	— 30	— 15	— 15	— 10	— 12	— 07	— 06	— 20
SEL de soude.....................	— 08	— 10	— 05	— 19	— 09	— 10	— 06	— 06	— 04	— 05	— 15
SELS médicaux....................	— 10	— 16	— 08	— 30	— 15	— 15	— 10	— 10	— 07	— 06	— 85
SEMEN-CONTRA.....................	— 10	— 18	— 09	— 30	— 15	— 15	— 10	— 10	— 07	— 06	— 40
SÉNÉ.............................	— 11	— 20	— 10	— 35	— 20	— 30	— 20	— 15	— 10	— 08	— 30
SIMAROUBA........................	— 11	— 20	— 10	— 35	— 20	— 30	— 20	— 15	— 10	— 08	— 30
SIROPS de table, en caisses......	— 12	— 20	— 10	— 35	— 20	— 23	— 17	— 17	— 12	— 08	— 45

DÉSIGNATION DES MARCHANDISES	TARIF DES MANUTENTIONS PAR 100 KILOG.									Tarif de Magasinage par mois et par 100 kilog. Tarif de la ville.
	Débarquement et mise sous hangar.	LIVRAISON SUR LE QUAI		Transport et mise en Entrepôt des Marchandises débarquées dans le Dock.	Mise en Entrepôt des Marchandises débarquées en dehors du Dock.	LIVRAISONS à la sortie DES MAGASINS		MANUTENTIONS EXTRA		
		avec pesage, mesurage ou comptage	sans pesage.			avec pesage mesurage ou comptage	sans pesage.	Arrimage.	Désarrimage.	Pesage.
SOIE moulinée.................................	— 18	— 25	— 12	— 38	— 20	— 25	— 16	— 16	— 10	— 10	1 50
SOIE écrue ou grége.......................	— 18	— 25	— 12	— 38	— 20	— 22	— 16	— 16	— 10	— 10	1 —
SOIE de porc, en cólis....................	— 12	— 20	— 10	— 20	— 10	— 15	— 10	— 10	— 06	— 06	— 20
SOUDE en grenier..........................	— 08	— 08	— 04	— 20	— 08	— 09	— 05	— 06	— 05	— 05	— 10
do en colis................................	— 07	— 08	— 04	— 19	— 08	— 09	— 05	— 06	— 05	— 05	
SOUFRE brut, en grenier...............	— 08	— 08	— 04	— 20	— 09	— 10	— 05	— 06	— 05	— 05	— 20
do en fûts.................................	— 07	— 08	— 04	— 20	— 09	— 10	— 05	— 06	— 05	— 05	— 20
SPARTERIE....................................	— 10	— 17	— 08	— 30	— 17	— 20	— 10	— 12	— 09	— 10	— 40
SPERMACÉTI..................................	— 10	— 16	— 08	— 30	— 16	— 20	— 15	— 15	— 10	— 07	— 20
SUCRE raffiné, en colis..................	— 10	— 15	— 07	— 25	— 15	— 15	— 10	— 12	— 08	— 06	— 15
SUCRE brut, en barriques..............	— 08	— 09	— 04	— 17	— 07	— 08	— 06	— 06	— 04	— 04	— 10
do en sacs................................	— 08	— 10	— 05	— 20	— 09	— 09	— 06	— 07	— 04	— 05	— 10
do en caisses de Havane........	— 08	— 09	— 05	— 21	— 08	— 09	— 06	— 07	— 04	— 04	— 10
do en caisses du Brésil...........	— 12	— 14	— 07	— 24	— 12	— 15	— 08	— 10	— 07	— 07	— 10
SUIF en fûts ou en caisses..............	— 08	— 10	— 05	— 19	— 08	— 10	— 05	— 06	— 04	— 05	— 12 1/2
SULFATE de potasse et de soude....	— 08	— 10	— 05	— 19	— 09	— 10	— 06	— 06	— 04	— 05	— 10
SUMAC...	— 12	— 16	— 08	— 24	— 12	— 12	— 09	— 08	— 06	— 06	— 10
TABAC en fûts................................	— 09	— 12	— 06	— 20	— 09	— 10	— 07	— 07	— 04	— 05	en feuilles — 15 fabriques ou carottes. — 75
do en balles pressées.............	— 11	— 18	— 08	— 21	— 10	— 12	— 08	— 08	— 05	— 05	
do en balles non pressées......	— 12	— 22	— 11	— 25	— 12	— 14	— 09	— 09	— 06	— 06	
TABLETTERIE.................................	— 20	— 50	— 25	— 50	— 30	— 50	— 30	— 25	— 20	— 20	— 50
TABLEAUX......................................	— 20	— 50	— 25	1 —	— 50	— 50	— 30	— 25	— 20	— 20	1 50
TAFIA en fûts (l'hectol.).................	— 08	— 12	— 06	— 27	— 15	— 15	— 15	— 10	— 08	— 06	l'hectolitre — 25
do en caisses.........................	— 15	— 25	— 12	— 35	— 20	— 25	— 25	— 20	— 10	— 10	l'hectolitre — 50
TAMARIN.......................................	— 12	— 16	— 08	— 24	— 12	— 14	— 10	— 08	— 06	— 06	— 15
TANNINS..	— 12	— 16	— 08	— 24	— 12	— 14	— 10	— 08	— 06	— 06	— 20
TAPIOCA..	— 11	— 15	— 07	— 27	— 14	— 16	— 12	— 12	— 06	— 06	— 20

DÉSIGNATION DES MARCHANDISES	TARIF DES MANUTENTIONS PAR 100 KILOG.										Tarif de Magasinage par mois et par 100 kilog. Tarif de la ville.
	Débarquement et mise sous hangar.	LIVRAISON SUR LE QUAI		Transport et mise en Entrepôt des Marchandises débarquées dans le Dock.	Mise en Entrepôt des Marchandises débarquées en dehors du Dock.	LIVRAISONS à la sortie DES MAGASINS		MANUTENTIONS EXTRA			
		avec pesage, mesurage ou comptage	sans pesage.			avec pesage, mesurage ou comptage	sans pesage.	Arrimage	Désarrimage.	Pesage.	
TAPIS	— 12	— 24	— 12	— 40	— 20	— 24	— 20	— 16	— 16	— 10	1 —
THÉS	— 20	— 35	— 17	— 45	— 30	— 35	— 20	— 25	— 15	— 15	— 60
TISSUS de fil ou de coton	— 12	— 24	— 12	— 40	— 20	— 24	— 20	— 16	— 16	— 10	— 50
d° de laine	— 12	— 24	— 12	— 40	— 20	— 24	— 20	— 16	— 16	— 10	1 —
d° de soie	— 20	— 50	— 25	— 60	— 30	— 50	— 30	— 25	— 20	— 20	1 50
TOILES d'emballage et à voiles	— 12	— 12	— 06	— 25	— 12	— 12	— 08	— 10	— 07	— 06	— 30
TOLE brute (1)	— 10	— 09	— 04	— 25	— 10	— 12	— 08	— 08	— 06	— 06	— 07¹/₂
TULLE	— 20	— 50	— 25	— 60	— 30	— 50	— 30	— 25	— 20	— 20	2 —
VACHETTES en colis	— 11	— 16	— 08	— 20	— 10	— 13	— 09	— 09	— 06	— 06	— 20
VANILLE	— 30	— 50	— 25	— 60	— 30	— 50	— 30	— 25	— 20	— 20	4 —
VERMILLON	— 11	— 20	— 10	— 35	— 20	— 30	— 20	— 15	— 10	— 08	1 —
VERRES et CRISTAUX, emballés	— 20	— 30	— 15	— 50	— 30	— 50	— 30	— 20	— 15	— 15	— 70
VERROTERIE commune, vitrification et verre à vitre	— 10	— 17	— 08	— 30	— 17	— 20	— 10	— 12	— 09	— 10	— 40
VETYVER	— 11	— 20	— 10	— 35	— 20	— 30	— 20	— 15	— 10	— 08	— 20
VINAIGRE ordinaire, en fûts (l'hectol)	— 08	— 12	— 06	— 27	— 15	— 15	— 15	— 10	— 08	— 06	l'hectolitre — 15
VINS de liqueur, en caisses	— 15	— 25	— 12	— 35	— 20	— 25	— 25	— 20	— 10	— 10	l'hec.en caisse — 50 en fûts — 35
VINS ordinaires, en fûts (l'hectol.)	— 08	— 12	— 06	— 27	— 15	— 15	— 15	— 10	— 08	— 06	l'hectolitre — 25
d° en caisses	— 15	— 25	— 12	— 35	— 20	— 25	— 25	— 20	— 10	— 10	l'hectolitre — 50
VOITURES à 2 roues (par voiture)	gré à gré	—	—	—	—	—	—	—	—	—	5 —
d° à 4 roues (par voiture)	gré à gré	—	—	—	—	—	—	—	—	—	10 —
ZINC en feuilles	— 08	— 08	— 04	— 19	— 08	— 10	— 05	— 07	— 05	— 05	— 04¹/₂
d° en plaques ou en lingots	— 06	— 06	— 03	— 16	— 05	— 07	— 03	— 04	— 03	— 04	— 03

(1) En plus, les lotissements autres que ceux exigés par la Douane.

TARIF DES CAS IMPRÉVUS

Les travaux de main-d'œuvre non prévus au Tarif, demandés par le commerce, seront payés suivant le temps employé, conformément au tarif suivant :

Par journée d'ouvrier	4 F. 50
Par demi-journée	2 50
Par heure	» 80

TARIF DES BULLETINS DE POIDS DÉTAILLÉS

Autres que ceux mentionnés à l'article 17 du Règlement, § 2

Jusqu'à 100 pesées	» F 01 c. par pesée.
Pour chaque pesée en sus	» » 1/2 c.

Sans que le prix d'un bulletin de poids détaillé puisse dépasser le maximum de 10 francs, ni descendre au-dessous de 20 centimes.

OPÉRATIONS EN DOUANE ET AUTRES POUR LE COMPTE DU COMMERCE

Tarif des droits de bureau pour déclarations et acquittements en douane.

Déclarations à l'entrée	de consommation		2 »
	de transit		2 »
	d'entrée en entrepôt		2 »
	de transbordement	mutation d'entrepôt	2 »
		réexportation	1 50
	d'avaries		1 »
	d'échantillonnage		» 50

Déclarations à la sortie	de consommation		2 »
	de transit		2 »
	de mutation d'entrepôt		2 »
	de réexportation		1 50
	d'exportation		1 50
	de transfert		1 »
	Primes dites d'ailleurs.	Le prem. passavant et la prém. déclar.	» 60
		Les autres déclarations sur le même passavant, chacune	» 25
	Acquits de payement ou transit.	Le premier, et déclaration unique	» 55
		coupure, chacune	» 25

Tous les imprimés nécessaires aux relations du commerce avec la Douane ou l'administration des Docks sont délivrés gratuitement, non compris les timbres.

La Compagnie traitera de gré à gré pour toutes opérations et pour tous services autres que ceux mentionnés ci-dessus.

www.ingramcontent.com/pod-product-compliance
Lightning Source LLC
Chambersburg PA
CBHW060515050426
42451CB00009B/1003